憲法入門

憲法原理とその実現

市川正人・倉田原志 編
Ichikawa Masato　Kurata Motoyuki

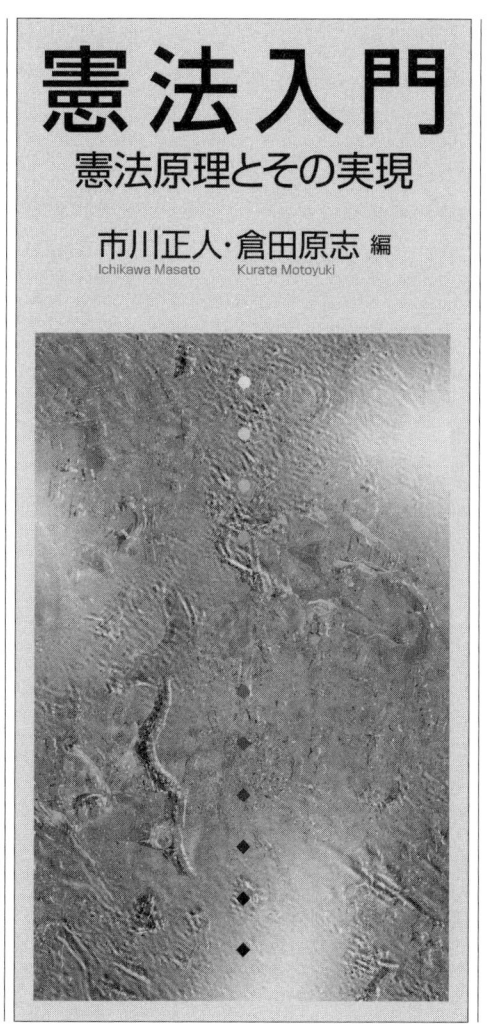

法律文化社

は　し　が　き

　本書は，憲法の入門書として，大学の一般教養科目としての「憲法」あるいは「日本国憲法」といった講義で扱われる内容とレベルを念頭におき，「憲法原理とその実現」という副題が示すように，憲法原理と規範の内容を明らかにするとともに，日本の現実を踏まえて，この憲法原理をいかに実現するかという立場から執筆したものである。したがって，大学の一般教養として憲法を学ぶ人たちだけではなく，憲法のことに関心をもっておられる市民の方々や，これまでは憲法の本にあまり触れたことのない方々にも，読んでいただけるようなものになることをめざした。

　具体的には，本書は16の章により構成され，おおむね憲法の全分野を網羅している。序章は，憲法の総論にかかわるもので，憲法とは何かを扱っている。第1章から第9章は基本的人権に関する章であり，第10章は，平和主義の原理にかかわる。第11章から第15章は，統治機構論とよばれることもある，憲法が定める政治のしくみにかかわる章である。分量としては，大学の90分の講義であれば，15回（2単位）分で扱える量を想定している。

　第1章から第15章の各章の構成は，**事例**（*Starting Point*）・**講義**（*Knowledge*）・**展開**（*Application*）と3部構成になっている。**事例**（*Starting Point*）では，そのテーマについて，日本の現実がどうなっているかを示す一例（たとえば，事件・裁判など）が示されている。**講義**（*Knowledge*）では，その事例に含まれている，あるいは関連する憲法上の論点について解説が加えられており，ここでは，他の憲法の教科書にならって，大学の講義で説明すべきことがほぼ網羅されている。最後の**展開**（*Application*）では，**事例**（*Starting Point*）で示された問題に対応させて，やや発展的なことが論じられている。

　読者のみなさんにとっては，本書は，さまざまな使い方ができると思われるが，憲法に関する基本的知識を得るためには，**事例**（*Starting Point*）で各章のテーマに関する現代的問題を知っていただいた上で，**講義**（*Knowledge*）を中

心に読まれることを想定している。**展開**（*Application*）では，専門的に論じ，これまでの学説・判例・実務等に対する問題提起をできるだけ試み，各執筆者の主張を出してもよいこととした。この点に本書の特色の１つがあるのであるが，入門の範囲を超えているものもあるので，関心に応じて各章末の参考文献も参照し，さらに考察を進めていただきたい。

　個人主義，自由，民主主義，平和主義といった憲法の原理は，単なる理想，お題目ではない。それは，その実現を阻む現実と日々衝突しながら，そうした現実を規律し変革しようとするものである。そして，憲法の原理を実現するのは，それを実現しようとする人々の絶え間ない営為である。こうした憲法をめぐる動態を本書を通じて実感していただけたら，私たち著者としてたいへんうれしい限りである。なお，紙幅の関係で，当然ながら，本書ではとりあげることができなかった多くの問題があり，また，日々新たな憲法事象も生じている。これらの問題につき，読者のみなさんが，憲法原理を実現する観点から，それらの問題と格闘されるのに本書が少しでも役立てば幸いである。

　末尾ながら，企画から刊行にいたるまで，いろいろご配慮いただき，たいへんお世話になった法律文化社編集部長の小西英央氏に，心からお礼申し上げたい。

　2012年春

編　者

目　次

はしがき

序　章　憲法とは何か ――――――――――――――――――― 1

Ⅰ 「憲法」とは何か　1

　1 訳語としての「憲法」(1)　2 近代的意味の憲法 (2)

Ⅱ 日本における憲法概念の受容　3

　1 近代的意味の憲法としての日本国憲法 (3)　2 憲法と国民の義務 (5)

Ⅲ 現代憲法としての日本国憲法　6

Ⅳ 21世紀における日本国憲法　10

　1 新しい人権 (10)　2 人権の国際化と日本国憲法 (11)

第1章　幸福追求権 ――――――――――――――――――― 13
▶「個人」のかけがえのなさ

Ⅰ 事　例　*Starting Point*　13

Ⅱ 講　義　*Knowledge*　14

　1 「個人の尊重」と「幸福追求に対する権利」(14)　2 幸福追求権の保護範囲――行為一般か，人格に関わる行為か (15)　3 「新しい人権」(16)

Ⅲ 展　開　*Application*　20

　1 幸福追求権の可能性 (20)　2 「個人の尊重」の可能性 (21)　3 自己決定権 vs. 優生思想？ (22)

第2章　平　等 ――――――――――――――――――――― 24
▶子どもを仕分ける法律の限界

Ⅰ 事　例　*Starting Point*　24

Ⅱ 講　義　*Knowledge*　25

　1 個人の尊重と差別の禁止 (25)　2 法の下の平等と法の支配 (26)

3 絶対的平等と相対的平等 (27)　4 形式的平等と実質的平等 (28)
5 例外的かつ暫定的な措置 (29)　6 差別禁止事由の例示列挙 (30)
7 差別禁止事由の解釈実践 (31)
Ⅲ 展　開 *Application*　32
1 制度の論理 (32)　2 社会的身分 (33)　3 変革の展望 (34)

第3章　思想・良心の自由と信教の自由────36
▶心の自由と国家による強制

Ⅰ 事　例 *Starting Point*　36
Ⅱ 講　義 *Knowledge*　37
1 思想・良心の意味 (37)　2 思想・良心の自由の保障の意味 (37)
3 信教の自由の意味 (38)　4 信教の自由の限界 (39)　5 政教分離の原則 (40)
Ⅲ 展　開 *Application*　43
1 思想・良心の自由とその主観性 (43)　2 思想・良心の自由と「全体の奉仕者」「地位の特殊性」「職務の公共性」(44)　3 思想・良心の自由と法的義務 (44)　4 思想・良心の自由と学校 (45)
5 2011年判決 (46)

第4章　表現の自由────48
▶自由なコミュニケーションの保障

Ⅰ 事　例 *Starting Point*　48
Ⅱ 講　義 *Knowledge*　49
1 表現の自由の内容と性格 (49)　2 知る権利・報道の自由 (51)
3 検閲の禁止 (53)　4 表現の自由を巡る判例 (54)　5 違憲審査基準 (59)
Ⅲ 展　開 *Application*　60
1 ネットの到来と表現の自由の原理論 (60)　2 ネットの到来と裁判基準 (61)

第5章　経済的自由────63
▶勝ち組による市場支配の自由？

Ⅰ 事　例 *Starting Point*　63

Ⅱ　講　義　*Knowledge*　64
　　　　1　経済的権利の考え方（64）　2　経済的権利の内容（66）
　　Ⅲ　展　開　*Application*　71
　　　　1　消費者契約法の趣旨（72）　2　経済的権利と，精神的自由・人身の自由との相違（73）

第6章　社　会　権─────────────────75
▶人間らしく生きるために

　　Ⅰ　事　例　*Starting Point*　75
　　Ⅱ　講　義　*Knowledge*　76
　　　　1　生存権（76）　2　教育を受ける権利（78）　3　労働権（80）
　　　　4　労働基本権（81）
　　Ⅲ　展　開　*Application*　84

第7章　人身の自由─────────────────86
▶刑事手続においていかに身を守るか

　　Ⅰ　事　例　*Starting Point*　86
　　Ⅱ　講　義　*Knowledge*　87
　　　　1　基本原則（87）　2　捜査手続と被疑者の権利（88）　3　被告人の権利（90）　4　適正手続と行政手続（93）
　　Ⅲ　展　開　*Application*　94

第8章　外国人の人権────────────────97
▶政治献金一切禁止の不思議

　　Ⅰ　事　例　*Starting Point*　97
　　　　1　外国人の政治献金の禁止（97）　2　外国人の政治活動の自由（98）
　　Ⅱ　講　義　*Knowledge*　100
　　　　1　基本的人権の特性（100）　2　法律上の日本国籍（101）　3　憲法と国際人権法（102）　4　外国籍と人権保障（103）　5　権利性質説の判例（104）
　　Ⅲ　展　開　*Application*　106
　　　　1　日本国籍と社会権（106）　2　日本国籍と参政権（107）　3　国

民主権と外国籍（108）　4　政治献金と外国籍（109）

第9章　ジェンダーと人権 ―――――――――――――――― 111
▶「命の重み」は男女同じか

Ⅰ　事　例　*Starting Point*　111

Ⅱ　講　義　*Knowledge*　112

　　1　ジェンダーとは（112）　2　人権と女性（113）　3　日本国憲法14条および24条（114）　4　女性労働者の権利（115）　5　現行法上の課題（116）

Ⅲ　展　開　*Application*　119

　　1　男女の賃金格差と裁判（119）　2　専門職におけるジェンダー・バイアス（121）

第10章　平和主義 ――――――――――――――――――― 123
▶非軍事平和主義に，もはや可能性はないのだろうか

Ⅰ　事　例　*Starting Point*　123

Ⅱ　講　義　*Knowledge*　124

　　1　日本国憲法の平和主義（124）　2　安全保障政策の変遷と政府見解（126）　3　学説と判例（130）

Ⅲ　展　開　*Application*　134

　　1　非軍事平和主義への挑戦（134）　2　憲法前文と9条との一体的理解（135）

第11章　国民主権と天皇制 ――――――――――――――― 137
▶民意の反映とは何か

Ⅰ　事　例　*Starting Point*　137

Ⅱ　講　義　*Knowledge*　138

　　1　国民主権（138）　2　代表民主制と選挙制度（141）　3　天皇制（142）

Ⅲ　展　開　*Application*　144

　　1　二大政党制の「進展」と「ゆきづまり」（144）　2　小選挙区制に対する内在的批判（145）　3　小選挙区制の憲法規範的評価（146）

第12章　国　会 ———————————————— 148
　　▶国民代表の役割と二院制の意義

Ⅰ　事　例　*Starting Point*　148
Ⅱ　講　義　*Knowledge*　149
　　1　「全国民の代表」としての国会議員（149）　2　最高機関としての国会／唯一の機関としての国会（152）　3　国会と議院の権能と活動（154）　4　二　院　制（156）
Ⅲ　展　開　*Application*　157
　　1　参議院改革論（157）　2　再び参議院の存在理由について（158）

第13章　内　閣 ———————————————— 160
　　▶ヒーローにすべてを委ねるとヒーローによる専制が始まる

Ⅰ　事　例　*Starting Point*　160
Ⅱ　講　義　*Knowledge*　161
　　1　立憲主義と内閣制度（161）　2　行政権とは（162）　3　議院内閣制（163）　4　内閣の成立（164）　5　内閣の構成要素——内閣総理大臣，その他の国務大臣（165）　6　内閣の職権（166）　7　内閣の責任（総辞職）と衆議院の解散（167）
Ⅲ　展　開　*Application*　169
　　1　議院内閣制における「強いヒーロー」（169）　2　国民内閣制論と議院内閣制（169）　3　「国会中心主義」か，「内閣中心主義」か（170）

第14章　司法権と憲法保障 ———————————————— 172
　　▶靖国訴訟は可能か

Ⅰ　事　例　*Starting Point*　172
Ⅱ　講　義　*Knowledge*　173
　　1　司法権とは何か（173）　2　司法権の独立（175）　3　憲法保障と違憲審査制（177）　4　わが国における違憲審査制の性格（179）
Ⅲ　展　開　*Application*　182
　　1　通常の訴訟の提訴（182）　2　客観訴訟の拡大——「国民訴訟」の創設（184）

第15章　地方自治 ―――――――――――――――― 186
▶地方自治は誰のためにあるのか

- Ⅰ　事　例　*Starting Point*　186
- Ⅱ　講　義　*Knowledge*　187
    - 1　地方自治の意義（187）　　2　地方公共団体とその機関（189）
    - 3　地方公共団体の組織（190）　4　地方公共団体の権能（191）
    - 5　住民の権利（194）
- Ⅲ　展　開　*Application*　195

あとがき
判例索引
事項索引

凡　例

1　判決の引用は，以下のような略記を用いた。なお，「判」にかえて「決」とあるのは，「決定」の略である。

  最判＝最高裁判所判決　（最大判＝最高裁判所大法廷判決）
  高判＝高等裁判所判決
  地判＝地方裁判所判決
  民集＝最高裁判所民事判例集
  刑集＝最高裁判所刑事判例集
  下民集＝下級裁判所民事裁判例集
  下刑集＝下級裁判所刑事裁判例集
  行集＝行政事件裁判例集
  裁時＝裁判所時報
  労民＝労働関係民事裁判例集
  労判＝労働判例
  判時＝判例時報
  判タ＝判例タイムズ

2　本文中に記載している条文で法令名を明示していないものは，日本国憲法である。

3　本文中で以下の文献を引用した場合は，略記を用いた。

芦部・憲法	芦部信喜(高橋和之補訂)『憲法〔第5版〕』2011年，岩波書店
芦部・憲法学Ⅰ～Ⅲ	芦部信喜『憲法学Ⅰ』1992年，『憲法学Ⅱ』1994年，『憲法学Ⅲ（1）〔増補版〕』2000年，有斐閣
市川・ケース	市川正人『ケースメソッド憲法〔第2版〕』2009年，日本評論社
伊藤・憲法	伊藤正巳『憲法〔第3版〕』1995年，弘文堂
浦部・教室	浦部法穂『憲法学教室〔全訂第2版〕』2006年，日本評論社
浦部ほか・講義	浦部法穂＝大久保史郎＝森英樹『現代憲法講義1〔講義編〕〔第3版〕』2002年，法律文化社
大石・講義Ⅰ・Ⅱ	大石眞『憲法講義Ⅰ〔第2版〕』2009年，『憲法講義Ⅱ』2007年，有斐閣

奥平・憲法	奥平康弘『憲法Ⅲ』1993年，有斐閣
阪本・理論Ⅰ～Ⅲ	阪本昌成『憲法理論Ⅰ〔補訂第3版〕』2000年，『憲法理論Ⅱ』1993年，『憲法理論Ⅲ』1995年，成文堂
佐藤・憲法	佐藤幸治『憲法〔第3版〕』1995年，青林書院
佐藤・憲法論	佐藤幸治『日本国憲法論』2011年，成文堂
渋谷＝赤坂・憲法(1)(2)	渋谷秀樹＝赤坂正浩『憲法1〔第4版〕』『憲法2〔第4版〕』2010年，有斐閣
渋谷・憲法	渋谷秀樹『憲法』2007年，有斐閣
初宿・憲法	初宿正典『憲法2〔第3版〕』2010年，成文堂
杉原・憲法Ⅰ・Ⅱ	杉原泰雄『憲法Ⅰ』1987年，『憲法Ⅱ』1989年，有斐閣
高橋・憲法	高橋和之『立憲主義と日本国憲法〔第2版〕』2010年，有斐閣
辻村・憲法	辻村みよ子『憲法〔第3版〕』2008年，日本評論社
戸波・憲法	戸波江二『憲法〔新版〕』1995年，ぎょうせい
野中ほか・憲法Ⅰ・Ⅱ	野中俊彦＝中村睦男＝高橋和之＝高見勝利『憲法Ⅰ〔第4版〕』『憲法Ⅱ〔第4版〕』2006年，有斐閣
長谷部・憲法	長谷部恭男『憲法〔第5版〕』2011年，新世社
樋口・憲法	樋口陽一『憲法〔第3版〕』2007年，創文社
松井・憲法	松井茂記『日本国憲法〔第3版〕』2007年，有斐閣
吉田・憲法	吉田善明『日本国憲法論〔第3版〕』2003年，三省堂
宮沢・コメ	宮沢俊義(芦部信喜補訂)『コンメンタール全訂日本国憲法』1978年，日本評論社
樋口ほか・注解Ⅰ～Ⅳ	樋口陽一＝佐藤幸治＝中村睦男＝浦部法穂『注解法律学全集・憲法』Ⅰ1994年，Ⅱ1997年，Ⅲ1998年，Ⅳ2004年，青林書院
新基本コメ	芹沢斉＝市川正人＝阪口正二郎編『新基本法コンメンタール憲法』2011年，日本評論社
百選Ⅰ・Ⅱ	高橋和之＝長谷部恭男＝石川健治編『憲法判例百選〔第5版〕』Ⅰ・Ⅱ2007年，有斐閣
新争点	高橋和之＝大石眞編『憲法の争点』2008年，有斐閣
基本判例	樋口陽一＝野中俊彦編『憲法の基本判例〔第2版〕』1996年，有斐閣
重判解	ジュリスト『重要判例解説』有斐閣
ジュリ	ジュリスト
法教	法学教室
法時	法律時報
法セミ	法学セミナー

序 章 憲法とは何か

I 「憲法」とは何か

1 訳語としての「憲法」

「憲法とは何か」と問われたらみなさんは何と答えるであろうか。「最高の法律」。「最高法規」。「国の基本法」。こう答えられたら一応合格である。では，日本には「憲法」はいつからあったのであろうか。「聖徳太子の〈十七条憲法〉の時代からある」という答えは誤っている。「憲」も「法」も法を意味し，実は日本語の「憲法」は，本来，法を意味する言葉であり，特に国の基本法を指していたわけではない。だから十七条憲法も国の基本法であったわけではない。「憲法」が国の基本法という意味で用いられるようになったのは，明治時代になってからのことである。当時，英仏語の constitution の訳語にそれまでわが国にあった「憲法」の語が当てられたのであった。constitution という語は幕末にわが国に入ってきたが，当初は，国憲，政規，国制，政体という語が訳語として当てられた。たとえば，1868（明治１）年の政体書は constitution に当たるものとして定められたものである。その後，国憲という訳語が有力であったが，やや遅れて憲法という語が用いられるようになり，大日本帝国憲法の制定（1889（明治22）年）によって，憲法という訳語が決定的となった。ただ，国の基本法という意味での constitution（憲法）という観念は，もともと，ある特別な内容をもった国の基本法という意味で確立したものであった。

2　近代的意味の憲法

　constitution という語は，ラテン語の constitutio（当初の意味は皇帝の立法）に由来し，ヨーロッパ中世では法一般，とりわけ行政規則を意味していた。国の基本法としての憲法（constitution）という観念は，18世紀末の近代市民革命期において，アメリカ・ヴァージニア権利章典と政府の組織（1776年），アメリカ合衆国憲法（1788年）と権利章典（1791年），フランス人権宣言（1789年）と1791年憲法などの制定を通じて確立したものである。ヨーロッパ中世では，国王も根本法（fundamental law）に従わなければならないと考えられていた。この根本法は，古き良き法（＝権利），つまり慣習的に認められてきた貴族その他の諸身分の特権の集まりであったが，とにかく国王もこうした根本法に拘束されるとされていた。そして，国王が古き良き法に違反して権力を強化しようとする場合，貴族らの反抗を招いた。そして，貴族らの反抗が成功した場合に国王が古き良き法を確認する布告を強制されたこともあった。イギリスのジョン王が1215年に発したマグナ・カルタ（大憲章）が有名だが，これはその例である。ロック，ルソーなどの近代自然法思想・社会契約説が，こうした身分制・封建制的性格を有していた古い根本法観念に新たな中身を吹き込むことによって，憲法の観念が成立したのであった。

　近代市民革命期に成立した「憲法」の観念は，フランス革命勃発直後に出された人権宣言（「人および市民の権利の宣言」）が，「権利の保障が確保されず，権力の分立が定められていないすべての社会は，憲法をもつものではない」（16条）と述べていることによく現れている。つまり，憲法は，第1に，人権を宣言している部分を含むものでなければならず，第2に，統治機構についての定めも人権保障にとって適合的なもの（つまり権力分立原理に基づいたもの）でなければならない。

　ここでは，個人から出発して政治社会，国家の成り立ちが考えられている。各個人は，人間である以上当然に一定の権利＝人権を有している。つまり，出発点は個人主義（人間の尊厳）とそこから認められる人権である。こうした諸個人の人権をよりよく保障するために国家が作られる。それゆえ，国の基本法である憲法においては，まず，国家の目的であると共に国家活動を限界づける

ものである人権を宣言する。そして，国家形成の目的が人権のよりよい保障である以上，国家の機構も人権保障に適合的なもの，つまり権力分立原理に基づいたものでなければならない。つまり，国家権力の集中は権力の濫用をもたらすので，権力を分立し，国家権力をいくつかの国家機関によって行使されるものとし，そうすることで国家機関相互の抑制と均衡を通じて権力の濫用を防ぎ，その結果，人権侵害を抑止しようというものである。人間の尊厳の追求のために，人権保障と権力分立を内容とする憲法によって国家権力をしばろうというのである。

このように近代市民革命期に成立した憲法観念において，「憲法」とは，単なる国の基本法ではなく，個人主義（人間の尊厳の原理）に基づき，人権保障とそれに適合的な統治機構についての定めとを本質的構成要素とする国の基本法だったのである（近代的意味の憲法ないし立憲的意味の憲法と呼ばれる）。

しかし，その後19世紀にヨーロッパ各国に憲法典を制定する動きが広がり，成文憲法は普遍化した。しかし，制定された憲法は必ずしも近代的意味の憲法（立憲的意味の憲法）ばかりではなく，ドイツのプロイセン憲法（1850年）のように体制の維持強化のために立憲主義の外観をとるにすぎないものもあった（外見的立憲主義（Scheinkonstitutionalismus））。ここに至り，国家の組織や構造の基本に関する法が憲法であるという「固有の意味の憲法」の観念が唱えられるようになった。しかし，近代的意味の憲法ないし立憲的意味の憲法こそが本来の意味の憲法であったことを忘れてはならない。

Ⅱ　日本における憲法概念の受容

1　近代的意味の憲法としての日本国憲法

日本の場合，天皇主権の原理に立つ大日本帝国憲法は，人権ではなく臣民の権利を法律の範囲内で保障するにすぎず，また，権力分立原理を真に採用してもいなかったのであって，外見的立憲主義の憲法であった。それに対して，日

本国憲法は，日本における初めての近代的意味の憲法（立憲的意味の憲法）であり，日本国憲法の制定によって日本もようやく本来的な意味の憲法をもつことになったのである。

すなわち，日本国憲法は，「すべて国民は，個人として尊重される」（13条前段），「配偶者の選択，財産権，相続，住居の選定，離婚並びに婚姻及び家族に関するその他の事項に関しては，法律は，個人の尊厳と両性の本質的平等に立脚して，制定されなければならない」（24条2項）と定め，個人の尊重ないし個人の尊厳の原理に立脚していることを明らかにしている（個人がただ個人であるだけで尊厳性を有し，価値において平等であるのであれば，当然に国民は法の下において平等でなければならず，不当な差別を受けることがない。平等については第2章，性差別については第9章参照）。さらに，「国民は，すべての基本的人権の享有を妨げられない。この憲法が国民に保障する基本的人権は，侵すことのできない永久の権利として，現在及び将来の国民に与へられる」（11条），「この憲法が日本国民に保障する基本的人権は，人類の多年にわたる自由獲得の努力の成果であつて，これらの権利は，過去幾多の試錬に堪へ，現在及び将来の国民に対し，侵すことのできない永久の権利として信託されたものである」（97条）と，日本国憲法が保障する権利が「基本的人権」であることを明らかにしているのである（そこで，わが国に在留する外国人も，人間である以上「基本的人権」を認められるべきであるから，基本的に日本国憲法が定める権利を保障される。外国人の人権については，第8章参照）。そして，こうした日本国憲法の保障する権利は，「公共の福祉」に反しない限り最大限尊重されなければならないのであって（13条後段），法律の範囲内で保障されているわけではない。

日本国憲法は国民主権の原理を採用している（前文および1条）が，国民に主権が存するのも，個人がただ個人であるだけで尊厳性を有し，価値において平等であるからである（国民主権については第11章参照）。そして，国会に立法権，内閣に行政権，裁判所に司法権がそれぞれ付与され（41条，65条，76条），国会，内閣，裁判所はそれぞれの権限行使に責任を負うと共に，お互いにチェックし合う仕組みとなっており，権力分立の原理が採用されている（国会については第12章，内閣については第13章，裁判所については第14章参照。地方自治も，中央政府と

地方との権力分立（垂直的権力分立）として捉えることもできる。地方自治については，第15章参照）。このように，日本国憲法は，近代的意味の憲法（立憲的意味の憲法）であり，本来の憲法思想の本流に属する憲法である。

なお，基本的人権の本質を謳っている97条は「最高法規」の章（第10章）の冒頭にある。一見すると，この97条は最高法規の章とあまり関係がないように思われるかもしれない。そこで，発表されている憲法改正提案の中には，これは無駄な条文であるとして削除すべきであるとするものもある（1994年の「読売憲法改正試案」）。しかし，97条は，基本的人権の保障こそが憲法の最高法規性の根拠であることを示しているのであり，決して無駄な条文ではない。先に見たように，基本的人権の保障こそ国家設立の目的であり，国家に基本的人権を保障させるために憲法が制定されるというのが，近代的意味の憲法（立憲的意味の憲法）の基本的な発想なのである。憲法を最高法規とし，国家機関の法制定その他の活動を憲法の下に置くのは，結局，人権を保障するためなのである。

2　憲法と国民の義務

憲法に，国民の権利についての規定だけでなく，若干の国民の義務についての規定が置かれる場合が少なくない。日本国憲法も，納税の義務（30条）のほか，教育を受けさせる義務（26条2項），勤労の義務（27条1項）を定めている。また，12条では，国民は，「これ（憲法が国民に保障する自由および権利）を濫用してはならないのであつて，常に公共の福祉のためにこれを利用する責任を負ふ」と，基本的人権に関する一般的義務ないし責任を宣言している。しかし，日本国憲法は，国民の権利については多数の条文で保障しているのに，国民の義務についてはこの程度の定めしかない。そこで，一部に，「国民が権利ばかり主張して，義務を果たさなくなったのは，日本国憲法がこのように義務を軽視しているからである」，という批判がある。

しかし，日本国憲法に国民の義務の規定が少ないのは，近代的意味の憲法（立憲的意味の憲法）としての憲法の本質からは当然の事柄である。憲法は，基本的人権を，国家存立の目的および国家活動の限界として宣言するものであ

り，いわば国民に対する国家の義務を明らかにするのが憲法なのであるから，国民の国家に対する義務を定めるものではない。日本国憲法が，憲法を尊重し擁護する義務を「天皇又は摂政及び国務大臣，国会議員，裁判官その他の公務員」に負わせており（99条），国民に負わせていないのも，そのゆえである。国民が負う具体的義務は，憲法の人権規定の拘束を受けつつ議会が定めるべきものであり，憲法で包括的に規定すべきものではないのであって，権利の宣言と関連する，また，特に重要と思われる若干の義務の規定が憲法に置かれるにすぎないのである。さらに，日本国憲法は憲法上の権利の利己的な主張を認めているわけではなく，濫用の禁止，公共の福祉のために利用する責任を述べ（12条），憲法上の権利が公共の福祉に反しない限りで最大限に尊重されるとしている（13条）。基本的人権の行使は，各人の基本的人権の保障を確保するために，基本的人権相互の矛盾・衝突を調整する公平の原理である「公共の福祉」に服するのである。以上のように，前述した批判は，憲法の本質や日本国憲法における基本的人権保障についての無理解に基づくものなのである。

　いわゆる改憲論には，国民の義務あるいは責務を強調し，憲法によって国民をしばろうとしたり，日本の伝統・文化を強調したりして，これまで述べてきたような近代立憲主義に対して変容を迫ろうとするものもある。これは，単なる復古主義ではなく，グローバリゼーションが進む中，「国家」によって国民を統合しようとするものであると思われる。しかし，国民の権利を宣言して国家をしばるという憲法の性格を根本的に変更させてしまうことが，はたして今日必要なのか，それが国民の幸福につながるのかどうか，慎重な検討が必要であろう。

III　現代憲法としての日本国憲法

　これまで述べてきた本来の意味の憲法についても，近代憲法から現代憲法への発展が見られる。

近代的意味の憲法ないし立憲的意味の憲法も，時代と共に19世紀の近代憲法から20世紀以降の現代憲法へと変化してきている。まず，近代憲法が保障している人権は自由権（国家からの自由）が中心であり，その中で財産権の比重が高い（「所有は，神聖にして不可侵の権利であ」る（フランス人権宣言17条））。近代憲法が保障している権利は自由権と参政権なのである。ここでは，市民の自由な活動が保障されれば万事うまくいくという発想（「神の見えざる手」を信じる自由放任主義）から，国家の役割は，国防，治安の維持などによりそうした市民の自由な活動の場（社会）を保障することであるとされる（自由国家・消極国家・夜警国家）。しかし，近代市民革命によって，荘園，ギルドなどの中間団体が解体されると共に，中間団体が有していた権力が国家に吸収され，強大な権力を有する国家（今日われわれがイメージするような国家）が成立した。諸個人は中間団体から解放され「個」として自律し自由を獲得したが，その反面，中間団体による保護なしに強大な権力を有する国家と向き合わなければならなくなった。こうして，国家こそが人権に対する最大の脅威として意識されるようになり，国家からの自由が人権の中心となった。

　さらに，国家機関相互の関係については，立法府の地位が相対的に高い（立法国家）。アメリカにおいては違憲審査制（国家機関の行為の憲法適合性を国会以外の機関が審査する制度）が19世紀初頭に確立したが，19世紀の近代憲法の多くは違憲審査制を採用しておらず，憲法の保障する権利を裁判所により担保するという仕組みは一般的なものではなかった。議会こそ人権の守り手という議会中心主義の発想の下，法律による人権保障という建て前が広くとられていたのであった。

　以上見てきたような近代憲法とその国家像，自由放任主義は，資本主義の発展に適合的であったが，資本主義の発展は恐慌，失業，労働者の貧困といった社会的矛盾を生み出した。労働者にとっては，契約の自由は，低賃金で長時間働く自由（貧困の自由）と失業の自由を意味するにすぎないことが明確となり，激しい労働運動，社会運動が勃発し，社会的緊張を激化させた。また，資本主義経済自体も，大規模な恐慌，極端な景気循環によって危機的な様相を強め，経済的危機回避のために国家の介入が求められるようになった。こうしたこと

を背景にして，第一次世界大戦後，ドイツのワイマール憲法（1919年）を嚆矢として現代憲法が登場する。

　まず，現代憲法においては新たな人権として，生存権，教育を受ける権利，労働権，労働基本権などの社会権が登場した。これらの社会権は，国家からの自由を越えて，自由を実質化するための国家の関与を求めるところに特徴がある。他方，こうした社会権の登場に対応して経済的自由が社会的規制を受けることが明記されるようになっている（ワイマール憲法153条「所有権は義務を伴う。その行使は，同時に公共の福祉に役立つべきである」）。このような人権カタログの変化は，国家は，国民の福祉を増進するために積極的に社会に介入すべきである，という国家観への転換と対応しているのである（積極国家・社会国家・福祉国家）。さらに，社会内における大企業や大労働組合，マスメディアなどの巨大組織（社会的権力）が登場するようになったことを受けて，私人による人権侵害が憲法の問題として意識されるようになっている。

　さらに，特に第二次世界大戦後，違憲審査制の採用が広まっている。違憲審査制のほとんどは裁判所を違憲審査機関とする裁判所型の違憲審査制であるが，通常の司法裁判所が違憲審査権を行使する司法裁判所型（付随的違憲審査制）と憲法裁判所を置く憲法裁判所型（抽象的違憲審査制）とがある。司法裁判所型はアメリカにおいて確立したが，イギリスを除く英米法諸国や南米諸国などで採用されている。これに対して，憲法裁判所型は，第一次世界大戦後オーストリアにおいて採用されたのを始めとするが，第二次世界大戦後，ドイツ，イタリアなどのヨーロッパの大陸諸国で広く採用され，冷戦崩壊後の東欧諸国や韓国にも導入されている。このように違憲審査制が広まっているのは，ファシズムの経験等による立法権に対する不信の広まりと第二次世界大戦後の自然法論の復活とを背景としている。いずれにせよ，立法権をも含む国家権力による人権侵害を裁判所がチェックするという仕組みが普遍的なものとなってきているのであり，違憲審査制の普及は現代憲法特徴の1つである（司法国家）。

　最後に，第二次世界大戦後の憲法の特徴として，第二次世界大戦による膨大な人的犠牲，国土の荒廃といった悲惨な経験を踏まえて，平和主義，国際協調主義を強調していることが挙げられる（平和国家への志向）。

現代立憲主義は近代立憲主義（狭義）を否定するものではなく，それを修正補正しつつその延長線上に立つものである。確かに，現代立憲主義の下では，特に経済面において公私のかなりの融合が進み，社会権実現のためや社会的経済的弱者救済のために様々な措置をとる国家は「人権の守り手」であり，もはや単なる必要悪ではない。しかし，国家は，なお個人の自由（特に精神的自由）に対する最大の脅威であり，精神的自由の領域では，依然として国家からの自由が基本である。それゆえ，現代立憲主義は，経済活動については国家の介入を認めつつ，精神活動の領域では国家の介入を認めないという難しい課題を遂行しなければならない。

　日本国憲法は，以上見てきたような現代憲法の特徴を備えており，典型的な現代憲法の1つであるといえる。まず，日本国憲法は，国家からの自由である自由権（信教の自由と思想・良心の自由については第3章，表現の自由については第4章，人身の自由については第7章参照）と共に，生存権，教育を受ける権利，労働権，労働基本権といった社会権を保障している（25～28条。社会権については第6章参照）。そして，経済的自由が公共の福祉による制限を受けることを明記している（22条1項・29条2項。経済的自由については第5章参照）。また，81条は最高裁判所が違憲審査権を有することを明言しており，これはアメリカ型の司法裁判所型の違憲審査制を採用したものだとして運用されてきている（違憲審査制については第14章参照）。さらに，日本国憲法は，前文や98条2項において国際協調主義を謳うと共に，9条という徹底した平和主義の規定を有している（平和主義については第10章参照）。「戦力」の放棄まで定める日本国憲法の平和主義は徹底したものであるが，それは決して孤立したものではなく，平和主義を希求する現代憲法の系譜に位置づけられることに注意すべきである。

Ⅳ　21世紀における日本国憲法

1　新しい人権

　日本国憲法はその改正のための手続きを定めており（96条），必要であれば改正されることを前提としている。それゆえ，憲法改正は決してタブーではない。しかし，日本国憲法だけでなく，一般に憲法典は，抽象的・一般的な文言を用いており，社会状況の変化に対し柔軟な解釈によって対応していくことを予定している。

　たとえば，社会の変化に伴い人権であると意識されるに至った「新しい人権」を日本国憲法に読み込むことができる。日本国憲法は人間である以上当然に有する権利である「基本的人権」を保障すると宣言している（11条・97条）が，日本国憲法が明文で規定している権利は，当然ながら，制定当時に，それまでの歴史的経験や当時の政治的社会的状況からして「人間である以上当然に有していなければならない権利」と考えられたものである。しかし，憲法制定後，社会が変化する中で，新たに，「人間である以上当然に有していなければならない権利」として意識されるものが出てくることになる。たとえば，高度経済成長期以降，生態系を脅かすほどの自然環境の破壊がなされるようになり，自然環境に対する権利が「人権」と意識されるようになる，といったように。

　新しい人権を憲法に読み込む1つの方法は，憲法が明文で保障している個別の人権に読み込むという方法である。その典型が，表現の自由の一内容であると主張されている知る権利である。第2の方法は，憲法13条の「生命，自由及び幸福追求に対する国民の権利」すなわち幸福追求権に新しい権利を読み込む方法である。かつては，憲法13条は，個別の人権規定で保障されている権利とは別個の権利を保障するものではない，と考えられていた。しかし，最近では，個別人権規定によって保障されていない権利を憲法13条の幸福追求権に読

み込むことが一般的になっている。有力な説によれば，幸福追求権は，人格的生存に必要不可欠な権利・自由を広く保障する包括的な人権であるという。あるいは，人の生活領域における自由（一般的行為の自由）を広く保障しているとする見解もある。こうして，私的な事柄を公権力による干渉を受けずに自ら決定する権利である自己決定権，プライバシーの権利，環境権，嫌煙権などが幸福追求権の一内容であると主張されている（幸福追求権については第1章参照）。

一体，どこまで新しい人権を日本国憲法に読み込むことができるのか，あるいは，新しい人権を認めるために憲法を改正しなければならないことはあるのか。こうした点を明らかにしていくことが，21世紀における日本国憲法をめぐる検討課題の1つであることは確かである。

2　人権の国際化と日本国憲法

第二次世界大戦後，国際平和の確立と人権保障を目的とする国際連合やその付属機関の下で，多くの人権保障のための国際条約が作られてきており，わが国もそうした人権条約の多くを受け入れている。最も代表的な人権条約としては，1966年の国連総会において採択された国際人権規約（社会権規約（A規約）と自由権規約（B規約）とからなる。日本1979年批准）があるが，そのほかに難民条約（1954年発効，日本1981年加入），人種差別撤廃条約（1969年発効，日本1995年批准），女子差別撤廃条約（1981年発効，日本1985年批准），子どもの権利条約（1990年発効，1994年批准）などがある。

国際人権条約の批准は，それに伴う立法措置などを通じてわが国における人権保障を充実させるだけでなく，憲法の人権規定についての解釈に影響を及ぼし，憲法における人権保障を豊かなものとすることがある。たとえば，国際人権規約の批准，難民条約への加入を契機に社会保障に関する法令が改正され，基本的に外国人に対して社会保障法上の権利が認められるようになったが，このような国際人権保障の進展による国内法の整備を通じて，外国人には生存権は保障されないという伝統的な通説が反省を求められるに至った。また，裁判所における国際人権条約の適用ないし参照を通じて憲法の人権保障の内容が豊かになることもある。たとえば，国際人権規約B規約27条で保障されている少

数民族に属する者の文化享有権が憲法13条によっても認められるとした二風谷ダム訴訟の札幌地裁判決（札幌地判平9・3・27判時1598号33頁）のように，国際人権条約に依拠しつつ日本国憲法の解釈をする下級審判決も現れてきている。

　ただ，こうした国際人権条約の人権保障への影響に関しては注意すべき点もある。第1に，国際人権条約の規定の中には，日本国憲法に規定されている制約事由より広い制約事由を認めているように読める規定が少なからず存在するし，戦争宣伝禁止を規定する国際人権規約B規約20条1項のように文言上，憲法に抵触・矛盾するように読める規定もある。第2に，国際人権条約の人権観が日本国憲法のそれとは異なるものである場合がある。たとえば，国際人権規約B規約27条は文化享有権を保障しているが，それは少数民族という文化的共同体の一員としての個人の権利であり，自律した個人の権利という日本国憲法の人権像とは異なっている。また，国際人権条約に関しては，自由権と社会権との不可分性が強調され，私人間における人権保障が重視されることが多い。そこで，こうした国際人権条約の保障する権利内容を憲法解釈によって憲法の人権保障の内容として取り込もうとすれば，憲法上の人権理解が変容を受けることがありうるであろう。

　このように国際的な人権保障の進展は，日本国憲法による人権保障の内容を豊かにするというだけでなく，日本国憲法の人権の捉え方そのものに対しても影響を及ぼすものである。国際的な人権保障の動きにどのように対応すべきかも，21世紀における日本国憲法をめぐる重要な検討課題である。

〔参考文献〕
樋口陽一『憲法という作為』（岩波書店，2009年）
樋口陽一『いま，憲法は「時代遅れ」か』（平凡社，2011年）
佐藤幸治『日本国憲法と「法の支配」』（有斐閣，2002年）
高橋和之「国際人権の論理と国内人権の論理」ジュリスト1244号（2003年）69頁
市川正人「人権保障の展望」全国憲法研究会編『法律時報増刊　憲法改正問題』（日本評論社，2005年）315頁
辻村みよ子『憲法から世界を診る』（法律文化社，2011年）

【市川正人】

第1章　幸福追求権

「個人」のかけがえのなさ

Ⅰ　事　例　　　　　　　　　　　　　*Starting Point*

　ハンセン病は，末梢神経障害や皮膚症を伴う細菌性疾患で伝染力は高くないが，患者は昔から差別と偏見にさらされてきた。1907年以降の日本は，ハンセン病患者の隔離を国策としてきた。とくに軍国主義の台頭につれて，「劣性の遺伝子を排除し，民族を浄化する」という優生思想（後述**展開**3参照）の影響の下で隔離は強化され，1931年の癩（らい）予防法（旧法）制定後，すべての患者が隔離対象となった。「国立療養所」に隔離された患者は，施設外に出ることも家族との面会も許されず，奉仕作業を強いられた。反抗的な患者は，所長の懲戒検束権に基づき「特別病室」なる重監房隔離などの懲罰を受けた。患者同士の結婚は認められていたものの，男性患者の断種手術が条件であった。妊娠が発覚した場合は，妊娠中後期でも中絶の手術を強要された。つまり隔離政策とは，ハンセン病の根絶ではなく，「国の役に立たない」ハンセン病患者自体の「根絶」を目的とするものであった。

　戦後になると，抗生物質による治療法も確立し，ハンセン病の隔離の不要性は世界的な常識になりつつある中，癩予防法の見直しの動きがみられた。そもそも，このような人権無視の政策は，日本国憲法の下では存続できないはずであった。ところが，国会は法の廃止どころか，1953年に「らい予防法」（新法）を制定し，隔離政策を継続してしまう。背景には隔離政策を推進してきた医学

界や厚生官僚たちの強い働きかけがあったと言われる（詳しくは，藤野豊『「いのち」の近代史』かもがわ出版，2001年）。

　ようやく1996年に「らい予防法」は廃止となるが，元患者に対し国は具体的な支援策を講じなかった。そこで熊本の元患者たちが隔離政策を行った厚生大臣および「らい予防法」を96年まで存続させた国会の違憲性・違法性を理由に，国家賠償請求を提訴した（その後，各地で同様の提訴が相次いだ）。熊本地裁は，厚生大臣・国会の責任を認め，原告たちへの賠償を認めた。その際，同地裁は，「らい予防法」の隔離規定が原告たちの居住・移転の自由（憲法22条1項）を「包括的に制限する」と認定した上で，以下のようにも述べている。

　「……このような人権制限の実態は，単に居住・移転の自由の制限ということで正当には評価し尽くせず，より広く憲法13条に根拠を有する人格権そのものに対するものととらえるのが相当である」（熊本地判平13・5・11判時1748号30頁）。

　なぜ，裁判所は，強制隔離を居住・移転の自由の侵害の問題だけではないと考えたのか。人格権の根拠とされる憲法13条とは，どのような権利規定なのか。

II　講　義　　　　　　　　　　*Knowledge*

1　「個人の尊重」と「幸福追求に対する権利」

　憲法13条は，「すべて国民は個人として尊重される。生命，自由及び幸福追求に対する権利については，公共の福祉に反しない限り，立法その他の国政の上で，最大の尊重を必要とする」と規定する。「幸福追求の権利」（right to pursuit of happiness）という発想は，アメリカ独立宣言（1776年）などに由来するものであり，近代立憲主義の核心にあるコンセプトといえる。

　「個人の尊重」とは，誰もが"かけがえのない存在"として承認され，扱われることを意味する。この点で，ドイツ憲法の「人間の尊厳（Würde des

Menschen）は不可侵である」（基本法1条1項）という表現との類似性も指摘されている。ドイツの「人間の尊厳」規定はユダヤ人の人としての尊厳を全否定してガス室で殺したナチス全体主義の反省の上に，他方，日本国憲法の「個人の尊重」も国家＝天皇が個人を抑圧した大日本帝国の反省の上に立ったものであり，2つの概念の共通性は肯定できる。ただし，ドイツの「人間の尊厳」観にはキリスト教共同体の共通イメージといえる「自律した人格」観が強く打ち出ており，多様性を持つ各人をそのまま尊重する「個人の尊重」における徹底した個人主義観とは少なからずニュアンスを異にするともいえる。

2 幸福追求権の保護範囲——行為一般か，人格に関わる行為か

もっとも，「幸福追求の権利」といっても内容は曖昧である。この曖昧さを理由に権利性否定説が憲法制定当初は有力であった。現在では判例・学説とも権利性を承認しているが，どのような人間の行動までが幸福追求権の保障範囲かについては，①一般的自由説と②人格的利益説とが対立する。

一般的自由説は，各人の望む行動を広く幸福追求権の保護範囲と捉える見解である（戸波・憲法176〜178頁，阪本・理論Ⅱ256〜258頁）。この説は，現代の諸問題を広く「人権問題」化できるメリットがある。しかし散歩から昼寝まで何でも「権利」と把握することで，保障する必要のある行動がかえって埋没するおそれがある。また，この説を突き詰めていけば，殺人や窃盗も幸福追求権の保護範囲となりうる。もちろん，他人の生命や権利への加害行為は公共の福祉の観点から制約されるという説明もできるが，そうなると公共の福祉という曖昧な概念が歯止めなき権利侵害を招きかねないという問題を抱え込むことになる。

人格的自律説は，幸福追求権の範囲を個人の人格的発展に不可欠のものに限定する考え方である（芦部・憲法119頁，佐藤・憲法論175〜177頁）。この説に立てば，①説の問題は回避できる（殺人や窃盗は，そもそも人権の行使の範囲外である）。しかし，"理性的で自律した強い個人"という人間像を描くこの説では，障がいや貧困など，さまざまな理由で「自律した決定」が現実に困難な人々の「苦しみ」を汲み取れないという批判もある（笹沼弘志「人権論における近代主義」法の科学24号（1996年）186〜191頁）。

両者の対立は人権保障のあり方に対する根本的な考え方の違いを含んでおり，また，具体的場面でも，例えば「公立高校でのバイク通学の禁止や男子生徒への丸刈りの義務付けは，憲法13条違反にあたるか否か」といった論点で結論を分けることになる。人格的利益説に立てば，「バイク通学は生徒の人格に関わる問題とまではいえないので憲法上の保障が及ばない」ということになるが，一般的自由説ならば，ひとまず幸福追求権の問題になろう。もっとも，一般的行為説といえども，さすがに「人を殺す自由」までも含むと解する立場は少数であり，他方，人格的利益説にしても，前述の例でいえば，髪形は個々人の人格形成に不可欠なものと解する余地もある。その意味では，具体的な解釈場面での両説の溝はそう深くはないといえそうである。

3　「新しい人権」
（1）　包括的人権規定としての13条　　憲法13条は包括的人権規定と呼ばれている。法の下の平等原則（14条）を挟んで，15条以下の個別の人権規定の意味内容を補充し，あるいは，憲法制定当時には重要な人権と認識されていなかったために個別規定で言及されていない諸権利（いわゆる「新しい人権」）の保障根拠としての働きをするのが，包括的人権規定である。

　「新しい人権」を論ずる意義はどこにあるのだろうか。まず，訴訟制度との関係がある。裁判所で救済を求めようとする場合，「自分の『○○の権利』が侵害された」と主張することが，裁判という土俵に上る最低条件となる。それゆえ人々は，他人の行為によって被っている「苦しさ」や「悔しさ」を，権利侵害という法のことばに翻訳しようとする。この場合，もちろん民法上の権利や行政法で保護された権利でも構わないが，国や自治体を訴える場合は当然のこと，私人間効力の法理が用いられる私人間の争いにおいても，「憲法上の権利が侵害された」と主張することの意義は大きい。平和的生存権，環境権，禁煙権といった「新しい人権」と呼ばれる権利も，こうした当事者の陥っている苦境からの救済を求める切実な訴えと，それを支える弁護士・学者たちの「知恵」によって生成発展を遂げてきたものだという点を忘れてはならない。

　「新しい人権」の有用性は裁判の場面だけではない。自分たちの利益や政策

的要求を憲法上の「権利」として理論構成することで，当該の「権利」を具体的に保障する法整備を政治に求める市民の運動は活性化する。憲法上の権利としての「自己情報コントロール権」（後述(3)）というコンセプトが，個人情報保護法制の整備に果たした役割は大きい。

　こうしたことから，さまざまな要求が人権の問題として語られることになる。そのこと自体が複雑多様な諸問題を抱えた現代社会の「新しさ」を表しているといえるが，あらゆる要求が「人権」の名で語られるようになると，憲法が保障する人権の範囲が曖昧になり，本当に重要な権利の保障がかえって阻まれかねないという指摘もある（「人権のインフレ」現象）。前述の人格的利益説の背景には，このような現象への危惧がある。

　このような危惧はもっともであるが，あまりに人権を固定的・限定的に捉えすぎると，憲法（とそれを解釈適用する裁判所）が現代型の新たな社会的問題の解決に対応できなくなってしまう。ある論者の整理を借りれば，人権は，①背景的権利⇒②法的権利⇒③具体的権利という発展段階を経て動態的に形成されていくものである（佐藤・憲法論393〜394頁）。裁判の場面で主張しうる人権（ここでいう③の具体的権利）は一定の限定が求められるとしても，背景的権利や法的権利にとどまる「人権」にも，前述のように政治過程における活躍の場面があることを見落としてはならない。また，政治過程や裁判における市民の権利主張が繰り返されることで，やがては具体的権利へと展開する可能性もある。

　以上の点に留意しつつ，「新しい人権」として学説の承認を得ているプライバシーの権利と自己決定権を中心に，以下に個別に見ておきたい。

　（2）　**人　格　権**　　人格権は，私法の世界で古くから法益として認知されてきた概念である。裁判所としては，内容の曖昧な「新しい人権」よりも使い勝手がよいのであろう。名誉権，肖像権，著作権などは人格権侵害として構成されてきた。「個人の生命，身体，精神および生活に関する利益」の総体として人格権を捉える下級審判決もある（大阪空港公害訴訟・大阪高判昭50・11・27判時797号36頁）。それゆえプライバシー権も人格権の一内容と解しうるが，「なおこれを一つの権利と呼ぶことを妨げない」（『宴のあと』事件・東京地判昭39・9・28下民集15巻9号2317頁）といえよう。

(3) プライバシー権──「私生活の保護」から「自己情報コントロール」へ　プライバシー権という観念も「個人」概念の確立に伴う現代的な発想といえる。日本の裁判例でプライバシー権をはじめて明確に承認した『宴のあと』事件では、「私生活をみだりに公開されない権利」という定式をしていた（東京地判昭39・9・28下民集15巻9号2317頁）。雑誌やモデル小説による私生活暴露のような私法上の事例では、この定義はなお意味を持つが、現代の高度情報化社会においては、それだけでは捉えきれない「権利侵害」の存在が認識されるようになる。すなわち、積極国家下の公権力の活動領域の増大に伴い、公的機関はさまざまな目的に基づき市民に関するさまざまな情報を収集し、データベース化して集積している。市役所の住民登録情報、税務署の納税者情報、図書館の貸出記録、国公立病院のカルテ、中学校の内申書、警察の交通取締の記録等々。仮に1つひとつの情報は秘匿性が高くなくとも、これら各機関が集積したデータ相互の照合作業を通じて、公権力は個人の生活全体像を精密かつ包括的に掌握・管理することもできる。ところが、当の本人は、自分のいかなる情報が収集され、どのように利用されているのか知らないし、収集された情報の濫用や流出の危険に常にさらされることになる。こうした事情を背景に登場してきたのが、自己情報コントロール権という発想である。自己情報コントロール権は、①本人の同意なく非公知の自己情報を収集されない権利に加え、②正当な収集目的を越えて自己情報が利用・開示・漏えいされない権利を内実とする（竹中勲・ジュリ増刊『憲法の争点〔第4版〕』有斐閣、2008年、98頁）。とくに②の権利は、情報の第三者提供の差止めのような自由権的側面以上に、自己情報の開示・訂正・抹消を求めたり、さらに国や自治体の個人情報保護法制の整備を求める請求権的側面が強いといえよう（2003年に、ようやく本格的な個人情報保護法制が整備された）。公権力による情報管理が可能になった現状では、性別など相対的に秘匿性の低い情報の取得・保存であっても、他の情報などとの照合により包括的な人物掌握が可能な状態が生じていれば、自己情報コントロール権侵害の可能性がある。このような観点に立てば、住民基本台帳ネットワークシステム（住基ネット）の運用は問題を多く含んでいるといえる。しかし最高裁は、13条に個人情報がみだりに開示・公表されない権利を保障していると述べつつ

も，住民基本台帳法が本人確認情報の目的外使用に罰則を設けているなどの制度的担保を前提に，プライバシー侵害の具体的な危険は生じていないとして，現行のシステムを合憲と判断した（最判平20・3・26民集62巻3号665頁）。

住基ネット以外にも，空港での指紋認証システム，自動車の自動速度監視装置，公園や公共施設などでの監視カメラ（防犯カメラ）の設置など，情報取得・情報管理技術の進歩に伴い，自己情報コントロール権の問題として論じるべき場面が増加している。最高裁は，一般論としてプライバシー侵害の成立可能性を比較的広く認めつつ，具体的事案では安易に合憲判断を下す傾向がある。たとえば，警察によるデモ行進参加者の写真撮影について最高裁は，「みだりに容ぼう・姿態を撮影されない権利」としての肖像権を憲法13条上の権利として承認した上で，犯罪捜査の証拠保全という目的から適法な職務行為内であったと認定した（最大判昭43・12・24刑集23巻12号1625頁）。また，外国人登録法（改正前）の在留外国人への指紋押捺義務についても，指紋がプライバシーに含まれると認めた上で，押捺は「在留外国人の公正な管理」という立法目的にとり合理性・必要性を有するとし，また3年に1度，一指など手段も相当として，これを承認している（最判平7・12・15刑集49巻10号842頁）。

（4）**自己決定権**　狭義の「プライバシーの権利」のうち，「私的な事柄の開示を拒否する」という側面が自己情報コントロール権へと特化されていったのに対応して，「自分のことは自分で決める」という側面は自己決定権として定式化されている。もっとも，人間のほとんどの行動は何らかの「決定」によってなされているものであるから，ここでも前述の一般的自由説と人格的利益説の対立を反映して，どこまでが憲法13条の保護範囲としての自己決定権に含めるかは諸説の分かれるところである。それでも，①医療行為に関する自己決定（治療拒否，尊厳死・安楽死）や，②家族形成や妊娠・出産に関わる自己決定については，その権利性が一般に承認されているといってよい。したがって，たとえば，公権力による強制的な産児制限（中国で採られている「一人っ子」政策）は自己決定権を侵害する。現在日本で推進されている少子化対策も，子ども世帯への税制優遇や不妊治療助成などにとどまらず，子どもを持たない選択をした夫婦に不利益を課すような措置は自己決定権侵害の問題が生じよう。

宗教的理由による無輸血手術を内容とする診療特約が民法90条の公序良俗にあたるかが争われた医療訴訟において，東京高裁は，「人はいずれは死ぬべきものであり，その死に至るまでの生きざまは自ら決定できる」と判示し，輸血拒否を自己決定する権利を認めている（東京高判平元・2・9判時1629号34頁）。

　自己決定権との関係では，公権力が規制対象者本人の利益のために加える人権制約（パターナリスティックな規制）が問題になる。積極国家の下では公権力の後見人的なバックアップが要請される場合も多く，とくに発達途上にある未成年に対してはパターナリスティックな規制の有効性は否定できないが，自己決定権との緊張関係に立つ場面があることには注意を払うべきであろう。具体的には，道路交通法上のオートバイのヘルメット着用義務や青少年保護条例に基づく「淫行」処罰規定などは，こうした論点を含んでいる。

　（5）その他　この他，静穏権（列車内広告放送の差止め請求で主張された）や嫌煙権などが主張されている。また，ある説では他の人権規定を根拠に主張されうるものが，別の説では13条を根拠とする（あるいは他の規定とセットの）人権として主張されることも少なくない。平和的生存権（前文），宗教的人格権（20条），アクセス権（21条），海外渡航の自由（22条），環境権（25条），行政手続きの適正（デュープロセス）（31条）などがそれである。

Ⅲ　展　開　　　　　　　　　　　　　　　　　　　　*Application*

1　幸福追求権の可能性

　事例で取り上げたハンセン病隔離政策を憲法違反と認定するにあたり，熊本地裁は憲法13条をどのように用いたか。地裁判決は，従来の不法行為法の「作法」を重視して「憲法13条に根拠を有する人格権に対する侵害」と遠回しな言い方をした。この判旨は，13条を個別人権条項の補充的権利と捉えた上で，当該人権条項の侵害が深刻すぎるため13条を根拠に強い非難を加えたものと解されている（佐藤・憲法論176頁）。ただ，本件ほどの侵害の「深刻さ」をかんがみ

れば、「幸福追求権の侵害」を端的に語る選択肢もありえたかもしれない。なぜなら本件は、判決の言うように「ある者は、学業の中断を余儀なくされ、ある者は、職を失い、あるいは思い描いていた職業に就く機会を奪われ、ある者は、結婚し、家庭を築き、子供を産み育てる機会を失い、あるいは家族との触れ合いの中で人生を送ることを著しく制限される」強制隔離であり、隔離により「人として当然に持っているはずの人生のありとあらゆる発展可能性が大きく損なわれ」たからである（熊本地判平13・5・11判時1748号30頁）。**事例**の簡単な記述からも、ハンセン病患者にはプライバシー権も自己決定権も認められていなかったことが理解できよう。とくに、隔離政策が医学的な合理性の完全に喪失した戦後も存続した理由が医学界や厚生官僚の利害によるところが大きいのだとすれば、そこに患者・回復者に対する「個人の尊重」という観点は全く見いだせない。この判決は、憲法13条の規範内容を正しく把握し、これを現実の場面に適用することで、ハンセン病患者・回復者という日本国憲法の人権保障の外に置かれていた人びとの「苦しみ」を（賠償という事後的救済とはいえ）汲み取ったといえる。

2 「個人の尊重」の可能性

「個人の尊重」という憲法13条前段は、他の人権規定を解釈する指導原理の役割を果たしていることが、この判決からあらためて確認できる。居住・移転の自由は経済的自由のグループに属すので政策的・社会的制約が可能であり、精神的自由との比較では緩やかな違憲審査基準が適用されると従来解されてきた（ただし最近の議論を踏まえた第5章の説明を参照）。しかし、経済的自由においても「個人の尊重」を無視した制約は許されるものではない。最高裁も、職業選択の自由（憲法22条1項）が「各人が自己のもつ個性を全うすべき場として、個人の人格的価値とも不可分の関連を有する」ことを確認している（薬事法距離制限判決・最大判昭50・4・30民集29巻4号572頁）。

この点では、**講義**でも言及したドイツの基本法1条1項の「人間の尊厳」規定の果たす、解釈論上の機能が参考になる。この「人間の尊厳」規定は、他の基本権規定の解釈の際には、当該基本権の意味を充填する役割を果たしてい

る。この場合，ドイツの判例では「基本法1条1項と結びついた〇〇条」という定式がなされる。たとえば，基本法2条1項（「何人も……自己の人格を自由に発展する権利を有する」）は，それ単体では「一般的行為の自由」を導くが（日本での憲法13条＝一般的行為説で援用されることがある），同1条1項と結びつくことにより，自己決定権や情報自己決定権（日本の情報コントロール権に近い）などを内容とする「一般的人格権」という権利の根拠となると解されている（ピエロート＝シュリンク／永田秀樹＝松本和彦＝倉田原志訳『現代ドイツ基本権』法律文化社，2001年，第8章）。日本の解釈論ではここまで明確な定式をしないが，「個人の尊重」が他の人権条項の意味充填的役割を果たす点は確認しておいてよい。したがって，「婚姻は，両性の合意に基いて成立」すると述べる憲法24条（第9章参照）を根拠に非嫡出子の相続差別規定（民法900条但書）を支える法律婚主義を正当化したり，同性結婚の法制化の違憲性を導き出す説もあるが，13条の「個人の尊重」規定を充填することで，24条は法律婚外の子どもを排除する趣旨でも同性婚制度を禁止する趣旨でもないと解する余地が出てくる（中里見博『憲法24条＋9条』かもがわブックレット，2005年，57頁以下）。

3 自己決定権 vs. 優生思想？

明治政府がハンセン病者隔離政策を採用した経緯や意図については，近年の研究や厚生労働省の調査によって，その全貌が明らかになりつつある。それによれば，「一等国」の体裁としての浮浪救済的な側面から，次第に優生思想に基づく社会政策へと隔離の意味が変容していったことがわかる。優生思想に基づく社会政策とは，生殖や医療を国家が管理し，「劣った」遺伝子を排除することで「民族」の質を向上させようとする政策のことである（森岡正博『生命学に何ができるか』勁草書房，2001年，285頁以下）。優生思想からしても遺伝病ではないハンセン病患者に断種・中絶を強要する合理的な説明はつかないが，この優生思想をより文字通り表現している法律がある。1948年に制定された「優生保護法」である。中絶の一部合法化を内容とするこの法律は，母体の保護に先じて，「優生上の見地から不良な子孫の出生を防止する」ことが目的として掲げられていた（1条）。この法の中で合法中絶の対象となったのは，「遺伝性精

神病疾患，遺伝性身体疾患若しくは遺伝性奇型」であり，「精神病若しくは精神薄弱」であり，あるいは「らい疾患に懸り，且つ子孫にこれが伝染する虞れがあるもの」であった。このことは，遺伝や母子感染でこれらの体質や疾病になる可能性がある胎児は，いわば「生まれるべきでない存在」として中絶の対象となりうるというメッセージを法律（と法律を制定した国家）が発信していることを意味する。このような優生思想が，障がいや疾患の有無に関係なく，誰でも同じ個人として扱うという「個人の尊重」の発想と全く相容れないことは明らかである。優生保護法は1996年に母体保護法と改称され，前述したような優生的見地に基づく規定は削除された。ただ，人びとの「内面化された優生思想」というべきものは簡単に消去できるものではなく，たとえば出生前診断をめぐる論争の中で立ち現れてくる。出生前診断により胎児に重度の障がいが発見された場合，親は妊娠中絶を選択すべきか否か。妊娠・出産に関する自己決定権の行使として親の選択は尊重されるべきかもしれない（胎児の生命権という別の問題もあるが）。しかし，その選択が，障がい児童が受ける差別や子育ての経済的負担といった現実の「生きにくさ」の中で下された「選択」だとしたら，それまでも自己決定権といえるかどうか（優生保護法も中絶に本人や配偶者の同意を要件としていた。しかし，隔離施設内の力関係の下で，ハンセン病患者たちに中絶以外の選択があっただろうか）。医療技術の進歩を背景に，不妊治療，臓器移植，介護，終末医療などの場面では，このような「自己決定権とは何か」という本質的な難問がますます増え続けている。

〔参考文献〕
青柳幸一『個人の尊重と人間の尊厳』（尚学社，1996年）
竹中勲『憲法上の自己決定権』（成文堂，2010年）
棟居快行「公共空間とプライバシー」長谷部恭男ほか編『人権論の新展開（岩波講座・憲法2）』（岩波書店，2007年）
樋口陽一＝中島徹「〈対談〉あらためて憲法13条裁判を考える」法律時報79巻11号（2007年）

【植松健一】

第2章 平　　等

子どもを仕分ける法律の限界

I　事　例　　　　　　　　　　　　*Starting Point*

　民法の規定によると，親を亡くした子どもたち「各自の相続分は，相等しい」（900条4号本文）のが原則である。だが，「嫡出でない子の相続分は，嫡出である子の相続分の二分の一」（同号但書前段）という例外もある。「嫡出である子」と「嫡出でない子」は，そもそも何が違うのだろうか。

　このうち「嫡出である子」とは，「婚姻」と呼ばれる法律上の夫婦関係から生まれた子どものことである。「妻が婚姻中に懐胎した子」（772条1項）や「婚姻の成立の日から二百日を経過した後又は婚姻の解消若しくは取消しの日から三百日以内に生まれた子」（同条2項）は，父親に「嫡出であることを否認」（774条）されない限り，生まれながらの嫡出子となる。

　ほかにも，「嫡出でない子は，その父又は母がこれを認知することができる」（779条）が，「父が認知した子は，その父母の婚姻によって嫡出子の身分を取得する」（789条1項）。また，「婚姻中父母が認知した子は，その認知の時から，嫡出子の身分を取得する」（同条2項）。だが，「内縁」と呼ばれる事実上の夫婦関係などから生まれた子どもは，このように「認知」と「婚姻」を成立要件とする「準正」によらない限り，非嫡出子のままである。

　もちろん，親を亡くした兄弟姉妹に嫡出子と非嫡出子の双方が含まれる場合でも，親の「遺言」（902条1項）に「各自の相続分は，相等しい」という趣旨

の記述があれば，それに基づき等分に仕分けるかたちで「遺産の分割をすることができる」(907条1項)。もとより，「公の秩序又は善良の風俗に反する事項を目的とする法律行為は，無効とする」(90条)が，「法律行為の当事者が法令中の公の秩序に関しない規定と異なる意思を表示したときは，その意思に従う」(91条)というのが民法の基本である。「遺言」のない場合をバックアップするルールとして補充的に適用される法定「相続分」の規定は，前者の強行規定ではなく，後者の任意規定に分類される。

　だが，現実には圧倒的多数の「遺言」なき場合にも，「相続は，死亡によって開始する」(882条)。この場合，非嫡出子の「相続分」は，嫡出子の半分である。どうして半分なのだろうか。また，このようなデフォルトは，はたしてフェアなのだろうか。

II　講　義　　　　　　　　　　　　　　　　*Knowledge*

1　個人の尊重と差別の禁止

　憲法の規定によると，「すべて国民は，個人として尊重される」(13条前段)。また，「すべて国民は……差別されない」(14条1項)。隣り合う2つの条項の主語が同じであるからには，述語の方にも何らかの接点がありそうだと推察してみたくもなるだろう。ごく簡略に説明してしまうと，そもそも「差別」を可能にする論理の出発点は，「人種，信条，性別，社会的身分又は門地」(同項後段)など，それ自体として集団の属性ともなる事由に執着するあまり，かけがえのない「個人」の「尊重」を没却してしまう発想にある(第1章参照)。

　正面衝突するのは，何も「華族その他の貴族の制度」(同条2項)ばかりではない。「教育，財産又は収入」(44条但書)も，富裕層や貧困層などの言葉があるように，社会の階層を分類するのに使用されてきた指標であり，用法によっては「個人」の「尊重」にもとる。「人種」や「性別」に基づく「差別」ならば古今東西の不幸な実例に事欠かないが，特定の「個人」を純粋に「個人」と

して「差別」することはできない。

　最高裁の判例では，1981年の第2小法廷の日産自動車事件判決（最判昭56・3・24民集35巻2号300頁）が，「就業規則中女子の定年年齢を男子より低く定めた部分は，専ら女子であることのみを理由として差別したことに帰着するものであり，性別のみによる不合理な差別」にほかならないと判定するにあたり，「女子従業員各個人の能力等の評価を離れて，その全体を上告会社に対する貢献度の上がらない従業員と断定する根拠はないこと」や「各個人の労働能力の差異に応じた取扱がされるのは格別，一律に従業員として不適格とみて企業外へ排除するまでの理由はないこと」を確認している。これも「個人」の「尊重」と集団「全体」の「一律」処遇に固執する「不合理な差別」とが本来的に背反の関係にあることを示唆しているだろう。

2　法の下の平等と法の支配

　国民主権の原理に基づく民主主義の政治過程において「全国民を代表する選挙された議員」（43条1項）たちが制定改廃する法律は，いわば民意の結晶である。このような外形に全幅の信頼をおく思想を形式的法治主義という。

　だが，幅広い参加がなく熟慮と討議が尽くされるのでもないままに，多数決が強行されることもないとはいえない。また，万人の英知を結集した法律というコンセプトにリアリティがあるとしても，人々の勘違いが「個人」の「尊重」を踏みにじる危険性は，どうにも捨象することができない。このように人権保障の内実が担保されない危険性に敏感な思想を実質的法治主義という。「最高法規」（98条1項）の存在理由に適合的なのは，こちらである。

　権利の保障と権力の制限を必須の要素とする立憲主義は，権利を制限する法律を万能としない。法律を制定する権力も「最高法規」としての憲法に基づいて制限される。全員のことは全員で決定するという民主主義の思想は，それ自体として麗しいかもしれないが，自分のことは自分で決定するという自由主義の思想を否定するような暴走は，やはり抑止しなければならない。たとえ文字どおりの万人の支配になりえても，なお人の支配には限界がある。多数決に名を借りた弱い者いじめが公然と横行するような最悪の事態を回避するために

第2章 平　　等

も，やはり権利の保障のために権力の制限をはかる法の支配が貴重なのであり，これが憲法解釈の基調でなければならない。

　ならば，「法の下に平等」(14条1項前段)の「法」も法律ではない。内閣以下の行政部門が「法律を誠実に執行」(73条1号)する適用の局面ばかりでなく，法律の内容も法律より高次の「法の下に平等」でなければならない。民法や刑法などの法律の規定に「不合理な差別」があるときでも，その規定は「効力を有しない」(98条1項)と判定されることになる。

　著名な実践例としては，1973年の大法廷判決（最大判昭48・4・4刑集27巻3号265頁）が，当時の「刑法二〇〇条は，尊属殺の法定刑を死刑または無期懲役刑のみに限つている点において，その立法目的達成のため必要な限度を遥かに超え，普通殺に関する刑法一九九条の法定刑に比し著しく不合理な差別的取扱いをするものと認められ，憲法一四条一項に違反して無効である」と判定している。ここで違憲無効とされた条文が刑法から削除されるのは，政権交代を経た1995年のことであるが，大法廷が「この見解に反する当審従来の判例はこれを変更する」と明言してからの22年間にも検察庁という行政機関によって「誠実に執行」されたという記録はない。

3　絶対的平等と相対的平等

　すべての者をすべての点で等しくするのは，不自然で無理がある。とにかく何でも等しく扱うことを至上命題とする絶対的平等は，その機械的な着想の原点において「個人」の「尊重」にもとる。「法の下に平等」というのは，立場の等しい「個人」を等しく「尊重」することにほかならない。等しくしなければならないという規範の発動にあたり，そもそも等しい立場なのかを事実に相対して確認するから，これを相対的平等という。

　必ずしも子どもたちばかりでなく「すべて国民は……その能力に応じて，ひとしく教育を受ける権利を有する」(26条1項)というのも，「能力」不問でないから不平等という無茶な把握を前提にした憲法上の特例ではなく，あくまで相対的に「ひとしく」という意味である。これを敷衍している教育基本法には，「障害のある者が，その障害の状態に応じ，十分な教育を受けられるよう，

教育上必要な支援を講じなければならない」（4条2項）とも規定されている。

最高裁の判例では，1950年の大法廷判決（最大判昭25・10・11刑集4巻10号2037頁）に，「人格の価値がすべての人間について平等……という大原則」が抽出されるとともに，「法の下に平等」でなければならない法律が，この「国民の基本的平等の原則の範囲内において，各人の年令，自然的素質，職業，人と人との間の特別の関係等の各事情を考慮して，道徳，正義，合目的性等の要請より適当な具体的規定をすることを妨げるものではない」と判示されている。また，1964年の大法廷判決（最大判昭39・5・27民集18巻4号676頁）には，「国民に対し絶対的な平等を保障したものではなく，差別すべき合理的な理由なくして差別することを禁止している趣旨と解すべきであるから，事柄の性質に即応して合理的と認められる差別的取扱をすることは，なんら……否定するところではない」という解釈が提示されている。

語感にも配慮して「合理的」なら「差別」ではなく区別とでも呼び分けてもらいたいところだが，このように「事情」や「事柄」に相対して，等しいはずのところで等しくしていない，その意味で筋が通らず理に合わない「差別」だけが禁止されていると解釈してきた枠組みは，通説とも一致している。

4　形式的平等と実質的平等

抽象的な人格の対等という形式を破壊するほどに，具体的な個別の事情という実質に相対するのは，もちろん「不合理な差別」である。だが，権力から手出しをされないという古典的な基本スタイルばかりでなく，権力により手助けされるという現代的な各種フォーマットにおいても，人権保障が実現されるべきだとすると，もっぱら機会の均等を要請する形式的平等だけでは不足の場合もあり，ときに条件の整備や結果の確保までも目指して実質的平等が勘案される場合もある。

大学入試を例にとると，教育基本法の「人種，信条，性別，社会的身分，経済的地位又は門地によって教育上差別されない」（4条1項）という規定を遵守して，出願資格を限定しないのは，形式的な機会の平等を保障するためである。だが，受験は可能でも先立つものがなければ，現実には入学後の学生生活

が見通せない。同法に「国及び地方公共団体は，能力があるにもかかわらず，経済的理由によって修学が困難な者に対して，奨学の措置を講じなければならない」（同条3項）とも規定されているのは，実質的な条件の平等を目指している。また，受験資格の制限や教育資金の不足など有形のバリアがなくとも，特定の種別の受験生が過少であるとき，その統計から昔日の「差別」の残滓が無形の「差別」意識として社会に残存しているなどの特殊な状況を推認して，特別の入試方式や募集人数枠を設定するのは，結果の平等のためである。

　もっとも，国立大学法人が設置している女子大学の出願資格に「性別」要件がある場合などは，男性の志願者が人格において対等な「個人として尊重される」ことにならないのではないかと疑われるようなこともある。つまり，実質的平等の追求は，形式的平等の貫徹と矛盾することがある。だから，憲法解釈の通説では，あくまでも後者が原則とされる。だが，前者は例外として慎重に構想される政策課題の域を出ないと考えるにしても，実質と形式の分類が絶対的ではないことに留意しなければならない。形式を墨守する自由権と実質を斟酌する社会権の分類さえ，あくまで相対的なのである。

5　例外的かつ暫定的な措置

　社会にある事実上の「差別」状態を解消しようとする積極的差別是正措置（affirmative/positive action）は，権力による法律上の逆「差別」（reverse discrimination）を構成するものとして批判されることがある。視野を広げて国際人権法の分野に適例を模索してみると，「日本国が締結した条約」として憲法上も「誠実に遵守」（98条2項）しなければならない「差別」禁止ルールに，あらゆる形態の人種差別の撤廃に関する国際条約（人種差別撤廃条約），女子に対するあらゆる形態の差別の撤廃に関する条約（女性差別撤廃条約）がある。

　このうち人種差別撤廃条約には，「人権及び基本的自由の平等な享有又は行使を確保するため，保護を必要としている特定の人種若しくは種族の集団又は個人の適切な進歩を確保することのみを目的として，必要に応じてとられる特別措置は，人種差別とみなさない。ただし，この特別措置は，その結果として，異なる人種の集団に対して別個の権利を維持することとなってはならず，

また，その目的が達成された後は継続してはならない」（1条4項）と規定されている。享有主体を限定する「別個の権利」は，特権にほかならない。但書に明記されているとおり，実質的平等に配慮する例外的な「特別措置」であっても，特権の創設までは容認されていない。

また，女性差別撤廃条約には，「締約国が男女の事実上の平等を促進することを目的とする暫定的な特別措置をとることは，この条約に定義する差別と解してはならない。ただし，その結果としていかなる意味においても不平等又は別個の基準を維持し続けることとなつてはならず，これらの措置は，機会及び待遇の平等の目的が達成された時に廃止されなければならない」（4条1項）と規定されている。こちらの「暫定的」という字句も，相対的平等の原則が，あくまでも形式的平等にあることを明示している（第9章参照）。

6　差別禁止事由の例示列挙

憲法に「人種，信条，性別，社会的身分又は門地」の5類型が列挙されているのは，1964年判決（前掲）によると，「例示的なものであつて，必ずしもそれに限るものではない」。理論的には，これらを制限列挙であると解釈して，これらに限っては絶対的平等が保障されるという立場もある。だが，ほかの事由により人々を仕分けても「不合理な差別」にはならないと断定できるほどに，これらは必要にして十分な網羅になっているだろうか。また，制限を前提として絶対的という用語法の当否は別論としても，これらに該当する限りは積極的差別是正措置をとる余地もなく，およそ一切の例外が許容されないということになるのは，それこそ「不合理」ではないだろうか。こうした難点が，通説もまた，判例と同様に例示列挙であると解釈するゆえんである。

もっとも，判例が単純な例示であると解釈してきたのとは異なり，学説では例に選ばれるだけの特別な意味があるはずだと主張する立場が主流である。つまり，5類型の差別禁止事由により人々を分け隔てるのは「不合理な差別」である疑いが濃厚という経験則が，これらの列挙に反映されていると解釈する。疑わしい区分に該当する場合は，それ相応に疑うのが当然である。ことに裁判所による司法審査の局面では，相対的平等を保障する「憲法に適合するかしな

いかを決定する権限」（81条）の行使にあたり，民主主義の政治過程の所産である法律の仕業であっても，合憲性の推定が排除されるべきことになる。この推定の採否により，審査基準に寛厳が生じる。これを二重の基準という。

　二重の基準に直結する特別の意味が承認されるのであれば，その前提として，5類型に該当することが裁判官に認定可能でなければならない。つまり，司法判断に使いこなせる程度に明確な定義が，各事由について必須となる。

7　差別禁止事由の解釈実践

　たとえば，狭義の「人種」とは，形質人類学による区分であり，黒色のニグロイド，白色のコーカソイド，黄色のモンゴロイドなどがある。もっとも，人種差別撤廃条約には，「人種差別」が「人種，皮膚の色，世系又は民族的若しくは種族的出身に基づくあらゆる区別，排除，制限又は優先であって，政治的，経済的，社会的，文化的その他のあらゆる公的生活の分野における平等の立場での人権及び基本的自由を認識し，享有し又は行使することを妨げ又は害する目的又は効果を有するもの」（1条1項）と定義されている。

　これを「誠実に遵守」する司法審査では，特別の意味を喪失することなく，文化人類学による「民族」や「種族」の区分も包摂した広義の「人種」概念を使用することができるだろう。ただし，「この条約のいかなる規定も，国籍，市民権又は帰化に関する締約国の法規に何ら影響を及ぼすものと解してはならない」（同条3項本文）とも規定されており，国際人権法を援用しても「国籍」までは「人種」に含まれない（第8章参照）。

　定義に広狭があるのは「信条」も同様であるが，その本来の語義が宗教の信仰に狭く限定されるとしても，ことさら世俗の信念を除外する必要はない。最高裁の判例でも，1955年の第2小法廷のレッド・パージ事件判決（最判昭30・11・22民集9巻12号1793頁）が，「共産党員であること若しくは……単に共産主義を信奉するということ自体を理由として行われたものではないというべきであるから，本件解雇については，憲法一四条……違反の問題はおこり得ない」と結論しているのは，広義の「信条」概念を前提としている。

　また，1973年の大法廷の三菱樹脂事件判決（最大判昭48・12・12民集27巻11号

1536頁）が，「憲法は……財産権の行使，営業その他広く経済活動の自由をも基本的人権として保障している」から，「企業者が特定の思想，信条を有する者をそのゆえをもつて雇い入れることを拒んでも，それを当然に違法とすることはできない」と判示しているのも，同じく広義の「信条」概念の使用例である。これに続けて「憲法一四条の規定が私人のこのような行為を直接禁止するものでないこと」が確認されている点もさることながら，従来の判例が特別な意味をともなわない単純な例示と解釈してきたことには留意の必要がある。それでも「思想及び良心」（19条）とリンクする定義の必要性は，この判決にも示唆されている（第3章参照）。

Ⅲ 展 開　　　　　　　　　　　　　　　*Application*

1　制度の論理

　子どもを嫡出子と非嫡出子に仕分ける民法の「二分の一」規定（900条4号但書前段）は，1995年の大法廷決定（最大決平7・7・5民集49巻7号1789頁）において15名の裁判官が10対5に分裂したなか，多数意見により合憲と判定されており，これが現在までの最高裁の先例となっている。

　多数意見は，憲法判断の「前提として，我が国の相続制度を概観する」のに出発して民法の関連規定を列挙，そこで「法定相続分の定めは，遺言による相続分の指定等がない場合などにおいて，補充的に機能する規定である」ことを重視している。そして，「それぞれの国の伝統，社会事情，国民感情なども考慮されなければならず，各国の相続制度は，多かれ少なかれ，これらの事情，要素を反映している」ことを認識しつつ，「現在の相続制度は，家族というものをどのように考えるかということと密接に関係しているのであって，その国における婚姻ないし親子関係に対する規律等を離れてこれを定めることはできない」ことを強調して，「立法府の合理的な裁量判断」を尊重する。

　およそ排他的な正解がなく，模範答案が用意されようもない問題であれば，

厳正な採点など不可能であり，多数決原理を尊重するほかないという発想なのだろう。このように相続制度の論理から合憲性が推定されるという前提のもと，判定にあたり，「嫡出子と非嫡出子の法定相続分の区別は，その立法理由に合理的な根拠があり，かつ，その区別が右立法理由との関連で著しく不合理なものでなく，いまだ立法府に与えられた合理的な裁量判断の限界を超えていないと認められる限り，合理的理由のない差別とはいえず，これを憲法一四条一項に反するものということはできない」という基準が設定されている。

文字どおりの「合理的な根拠」ならば，あってもなくてもよい法律にもあるだろう。あってもよいなら，少なくとも無茶苦茶ではないという意味で何らかの正当な目的によるはずだからである。また，その法律の制定や適用の背景にある社会の現実を精査することもなく，少なくとも支離滅裂ではないという意味で「著しく不合理」ではない程度の合理的関連性を認定するのに満足するのなら，人を分け隔てる手段は，よほど稚拙な立法の試作や怠慢の所産でもない限り，よもや「不合理な差別」と判定されることはないだろう。かくも緩やかに運用されてしまいがちな合憲性の判定基準を，合理性の基準という。

多数意見は，民法が「いわゆる事実婚主義を排して法律婚主義を採用し……いわゆる一夫一婦制を採用すること」が，それ自体として違憲ではないという前提のもと，法律上の「婚姻関係から出生した嫡出子と婚姻外の関係から出生した非嫡出子との区別が生じ……ても，それはやむを得ない」と判示している。そして，「二分の一」規定は，「嫡出子の立場を尊重するとともに……非嫡出子の立場にも配慮して……法律婚の尊重と非嫡出子の保護の調整を図ったもの」であり，このように「合理的な根拠」の認定可能な「立法理由」を実現するのに「著しく不合理」な手段ではないと判定している。半分が最適というのではなく，そもそも最適など要求しないのが合理性の基準なのである。

2　社会的身分

清水伸編『逐条日本国憲法審議録　第二巻』（原書房，1976年）によると，制憲時の政府にあって憲法担当の国務大臣を務めた金森徳次郎は，差別禁止事由としての「社会的身分」を説明して，「丁度人の上に貴族を考えるのと同じよ

うな意味に於て，反対の側に今日考えられて居る或人々の集団」(292頁）などと狭く限定している。そして，これに該当しない非嫡出子を「相続関係に於て，その他に於て区別することがありましょうが……例えば相続の範囲より考えて見ますと……どう云う正しき筋に於て関係があるかと云う問題で判断をして，若干の区別を生ずることになろうと思います」(300頁）と答弁している。

こうした原意とは対照的なものとして，最高裁の判断を待つことなく違憲の結論が確定した1993年の東京高裁の決定（東京高決平5・6・23判時1465号55頁）があり，そこで「嫡出子か嫡出子でないかは，本人を懐胎した母が，本人の父と法律上の婚姻をしているかどうかによって決定される（民法七七二条）事柄であるから，子の立場から見れば，正に出生によって決定される社会的な地位又は身分ということができる」と再定義されている。また，同じく東京高裁で確定した翌年の決定（東京高決平6・11・30判時1512号3頁）でも，ほぼ同様に，「本人の父母が法律上の婚姻関係にあるかどうか，すなわち，本人を懐胎した母が妻たる身分を取得した後に出生したか否かによって決定される事柄であるから，子の立場からみれば，正に出生によって決定される一種の地位又は身分であり，このような事由に基づく差別が，憲法一四条一項後段に該当することは明らかである」と判示されている。これらの解釈は，家柄を意味する「門地」とは慎重に分別しながら「社会的身分」にも法律の合憲性の推定を排除するのに適した特別な意味があると考えてきた学説の主流に親和的である。

3　変革の展望

1995年決定（前掲）に少数派5名の裁判官が共同で表示した反対意見は，前年に批准された児童の権利に関する条約などに目配りしながら，「単なる合理性についてすら，その存在を肯認することはできない」と断定している。また，注目すべきことには，その直前の部分に，「合理性の判断は，基本的には，非嫡出子が婚姻家族に属するか否かという属性を重視すべきか，あるいは被相続人の子供としては平等であるという個人としての立場を重視すべきかにかかっている」から，「単なる合理性の存否によってなされるべきではなく，立法目的自体の合理性及びその手段との実質的関連性についてより強い合理性の

存否が検討されるべきである」と主張している。

　このように合憲性の判定基準を引き上げながら立法事実の経年変化に着目する立場は，いずれも3対2の評決となった2003年の第2小法廷判決（最判平15・3・28判時1820号62頁）や第1小法廷判決（最判平15・3・31判時1820号64頁）に，それぞれの反対意見の論理として引き継がれている。このうち後者では，多数派の裁判官のなかから，「少なくとも現時点においては，本件規定は，明らかに違憲であるとまではいえないが，極めて違憲の疑いが濃いものであると考える」という補足意見も執筆されている。

　さらに近くは，大阪高裁の2011年8月24日の決定（金融・商事判例1382号40頁）が，非嫡出子の法定相続分を嫡出子の半分とするのは「個人」の「尊重」にもとる「不合理な差別」であるほか，ことさら「相続」をめぐっても憲法が「法律は，個人の尊厳……に立脚して，制定されなければならない」（24条2項）と規定しているのに違反していると判定しており，これも確定している。そこで国内的にも国際的にも時流にそぐわなくなったと批判されている最高裁の判例が変更される可能性は，いまや現実的に展望できそうである。早くも大法廷決定の翌年2月26日に法務省の法制審議会総会が決定した民法の一部を改正する法律案要綱に，「嫡出でない子の相続分は，嫡出である子の相続分と同等とするものとする」ことも明記されているが，これを見送り続けてきた「立法府の合理的な裁量判断」は，いよいよ限界に切迫しているのかもしれない。

〔参考文献〕
遠藤比呂通『不平等の謎』（法律文化社，2010年）
木村草太「平等権」長谷部恭男編『人権の射程』（法律文化社，2010年）3頁
廣岡守穂「現代における自由と平等についての断片的な考察」法学新報112巻7・8号（2006年）527頁

【倉田　玲】

第3章　思想・良心の自由と信教の自由

心の自由と国家による強制

I　事　例　　　　　　　　　　Starting Point

　2011年6月、大阪府議会は、「大阪府の施設における国旗の掲揚及び教職員による国歌の斉唱に関する条例」を成立させた。同条例は、大阪府教育長が条例化する必要はないと府議会で答弁し、民主、自民、公明、共産の各会派が反対する中で、橋下徹大阪府知事（当時）が代表を務める「大阪維新の会」が強行採決で成立させたものであった。

　同条例は、府の施設における国旗の掲揚とともに、「府立学校及び府内の市町村立学校の行事において行われる国歌の斉唱にあたっては、教職員は起立により斉唱を行うものとする」（4条）として、教職員に対し君が代の起立斉唱を強制するものである。そして、同条例の目的は、「府民、とりわけ次代を担う子どもが伝統と文化を尊重し、それらを育んできた我が国と郷土を愛する意識の高揚に資するとともに、他国を尊重し、国際社会の平和と発展に寄与する態度を養うこと」、「府立学校及び府内の市町村立学校における服務規律の厳格化」（1条）にあるとされ、愛国心教育とともに教職員の服務規律の「厳格化」が挙げられている。

　同条例に対する府民の受け止めは、新聞報道などによれば、「国旗国歌を尊重するのは、公務員として当然だ」、「国旗国歌を否定するなら公務員を辞めればいい」など総じて肯定的な意見が多くみられた。

同条例の制定と相前後して、学校現場における日の丸・君が代の強制をめぐる一連の最高裁判決が出された（最判平23・5・30, 最判平23・6・6, 最判平23・6・14, 最判平23・7・7）。これら一連の判決は、日の丸・君が代の強制を許容するものであるが、はたして、内心の自由の観点からして問題がないのであろうか。

II　講　義　　　　　　　　　　　　　*Knowledge*

1　思想・良心の意味

　思想・良心の自由は、精神活動の自由の母体となる権利であるといえるが、諸外国の憲法で思想・良心の自由を別途規定する憲法は少ないといえる。それは、表現の自由、信教の自由が保障されていれば、特にあらためて別途規定する必要がないと考えられるからである。にもかかわらず、日本国憲法が思想・良心の自由を別途規定するにいたった趣旨は、戦前の日本において、治安維持法などによって思想弾圧がなされたことに対する痛烈な反省に基づいている。

　憲法19条が規定する「思想」と「良心」について、倫理的、主観的なものを「良心」とし、論理的、客観的なものを「思想」ととらえる立場もあるが、これらを明確に区別することは困難であり、また、実益もなく、通説は両者を特に区別しない。

　思想・良心については、それを「内心における考え方すべて」と広くとらえる立場（「内心説」）と世界観、人生観など「個人の人格形成の核心」と狭くとらえる立場（「人格核心説」）との対立がある。

2　思想・良心の自由の保障の意味

　思想・良心の自由は、それが内面にとどまる限りその保障は絶対的である。洗脳でもしない限り、あるいはそれによってでさえも人の内面を侵害することはできないのであり、内面の自由の保障が絶対的であるのは、そもそもいうま

でもないことだともいえる。

　それゆえ，民主主義，人権保障など憲法の基本理念を否定する思想・良心の自由も保障されていると解される。この点で，「自由で民主的な基本秩序」を否定する結社，個人に対し，その自由を否定するボン基本法の「戦う民主制」（「戦闘的民主主義）」とは異なる。国家が一定の思想（それがたとえ「良い」思想であるとしても）を「正しい」として公認したり，あるいは，特定の思想を禁止したり，弾圧したりすることは，危険なことであり，許されない。

　思想・良心の自由は，個人がどのような内心における考え方を有しているかを探知しようとすることを許さない，「沈黙の自由」を保障する。これにより，踏み絵，支持政党などの思想調査は許されない。

　名誉毀損の救済方法として謝罪広告の強制が思想・良心の自由の観点から許されるか否かが争われた，謝罪広告強制事件（最大判昭31・7・4民集10巻7号785頁）がある。同判決多数意見は，「時にはこれを強制することが債務者の人格を無視し著しくその名誉を毀損し意思決定の自由乃至良心の自由を不当に制限することとなり，いわゆる強制執行に適さない場合に該当することもありうるであろうけれど，単に事態の真相を告白し陳謝の意を表明するに止まる程度のものにあつては」思想・良心の自由の侵害には当たらないとした。これに対し，藤田八郎裁判官反対意見は，「本件のごとき人の本心に反して，事の是非善悪の判断を外部に表現せしめ，心にもない陳謝の念の発露を判決をもつて命ずるがごときことは，まさに憲法19条の保障する良心の外的自由を侵犯するものであること疑を容れない」とした。謝罪広告をめぐっては，学説においても対立があり，反対意見を支持する見解も有力である。

3　信教の自由の意味

　西欧においては，近代立憲主義が，中世の宗教弾圧への抵抗という側面もあり，それゆえ，信教の自由は極めて重要な意味を有する。

　日本においては，大日本帝国憲法が，「日本臣民ハ安寧秩序ヲ妨ケス及臣民タルノ義務ニ背カサル限ニ於テ信教ノ自由ヲ有ス」（28条）として信教の自由を一応保障していたが，あくまで「安寧秩序ヲ妨ケス及臣民タルノ義務ニ背カ

サル限ニ於テ」であって，極めて不十分なものであった。さらに，天皇を神格化する神社神道が事実上の国教となり，とりわけ戦時期には他宗教は弾圧の対象となった。1945年には，GHQが戦後民主化の一環として，国家と神道との分離が行われた。日本国憲法は，こうした戦前の反省に基づき，信教の自由とともに厳格な政教分離を定めているといえる。

　信教の自由には，①信仰の自由，②宗教的行為の自由，③宗教的結社の自由，が含まれている。①信仰の自由とは，いかなる宗教を信仰しようが自由であり，あるいは，また，信仰しない自由も含まれる。この保障は，先の思想・良心の自由と同様，内面にとどまる限り絶対的である。踏み絵などの信仰告白の強制が許されないこともいうまでもない。信仰を理由とした利益・不利益の供与も許されない。②宗教的行為の自由とは，宗教上の礼拝，儀式，布教の自由を意味し，宗教的行為への参加を強制されないことも意味する。③宗教的結社の自由とは，宗教的行為を目的とする団体の結成の自由を意味し，宗教団体加入による不利益を禁止するとともに，宗教団体の活動の自由が保障されている。

4　信教の自由の限界

　すでに述べたように，信教の自由は，それが内面にとどまっている限りその保障は絶対的であるが，外部に何らかの影響を及ぼすような行為については，一定の制約を受けることとなる。

　精神障害の「治療」として暴行を伴う加持祈祷を行い，傷害致死罪に問われた加持祈祷事件（最大判昭38・5・15刑集17巻4号302頁）において，最高裁は，「他人の生命，身体等に危害を及ぼす違法な有形力の行使に当るものであり，これにより被害者を死に致したものである以上，被告人の右行為が著しく反社会的なものであることは否定し得ないところであつて，憲法20条1項の信教の自由の保障の限界を逸脱したものというほかはな」いと判示した。

　キリスト教会の日曜学校に参加するため公立学校の日曜参観を欠席した児童を欠席扱いとしたことが信教の自由の侵害だとして争われた日曜日授業参観事件（東京地判昭61・3・20行集37巻3号347頁）において，東京地裁は，「公教育上

の特別の必要性がある授業日の振替えの範囲内では，宗教団の集会と抵触することになつたとしても，法はこれを合理的根拠に基づくやむをえない制約として容認しているものと解すべきである。このように，国民の自由権といつても，それが内心にとどまるものではなく外形的行為となつて現れる以上，法が許容する合理的根拠に基づく一定の制約を受けざるをえないことについては信仰の自由も例外となるものではないと解される」とした。

これに対し，エホバの証人の信者が宗教的理由により神戸市立工業高等専門学校における剣道実技を拒否したところ，原級留置，退学処分とされたエホバの証人剣道実技拒否事件（最判平8・3・8民集50巻3号469頁）において，最高裁は，「信仰上の理由による剣道実技の履修拒否を，正当な理由のない履修拒否と区別することなく，代替措置が不可能というわけでもないのに，代替措置について何ら検討することもな」かったことは，「社会観念上著しく妥当を欠く処分をしたものと評するほかはなく，本件各処分は，裁量権の範囲を超える違法なものといわざるを得ない」とした。

日曜日授業参観事件とエホバの証人剣道実技拒否事件においては，代替措置をとることが公教育の宗教的中立性を害するのかが争われたともいえるが，政教分離原則は，個人の信教の自由を確保するためのものであり，代替措置を政教分離原則に反するとすることは，そもそも「本末転倒」（佐藤・憲法論230頁）といえる。さらに，両訴訟は，信教の自由に基づく少数者の主張を尊重し，寛容であるべき場合があることを示す事例であるともいえる。

5　政教分離の原則

（1）　政教分離原則の意味　　憲法20条1項後段は，「いかなる宗教団体も，国から特権を受け，又は政治上の権力を行使してはならない」とし，20条3項は，「国及びその機関は，宗教教育その他いかなる宗教的活動もしてはならない」とし，政教分離の原則を規定する。さらに89条は，「公金その他の公の財産は，宗教上の組織若しくは団体の使用，便益若しくは維持のため，……これを支出し，又はその利用に供してはならない」と規定し，宗教団体への公金支出を禁止し，財政面から国家と宗教との分離を担保する。すでに述べたよ

に，戦前の国家神道による国家と宗教との一体化に対する痛烈な反省から，日本国憲法では厳格な政教分離が定められているとされる。

　イスラム諸国の中には政教一致を採用する国もあるが，西欧立憲主義諸国は，各国の歴史などにより多様な形態ではあるが，何らかの政教分離制度が採られている。イギリスは，国教制度を採用するが，他宗教に対し寛容を旨とする。ドイツ，イタリアは，教会の独立を保障し，教会に公法人としての地位を与える公認宗教制度を採用し，アメリカ，フランスは国家と教会とを分離する。

（2）　**目的効果基準**　　日本国憲法が厳格な分離を規定しているとしても，国家と宗教とを完全に分離することは不可能であるといえる。たとえば，文化財保護の観点からする寺院に対する公金支出，宗教系の私立学校に対する助成など一定の結び付きはやむをえないといえる。そこで，いかなる場合にいかなる程度での結び付きが許容されるのかが問題となり，その判定基準としては，目的効果基準がある。目的効果基準は，①当該国家行為の目的が，世俗的か宗教的か，②当該国家行為の効果が，宗教に対する援助，助長，促進または圧迫，干渉に当たるか，を判断基準とする。目的効果基準に対しては，後述の津地鎮祭事件最高裁判決にみられるように「緩やかな分離を許容することになる」との批判が存在する一方，愛媛県玉串料訴訟のように「厳格に基準を提供すれば有用な基準である」とも評され，あるいは，津地鎮祭事件と愛媛県玉串料訴訟で「異なった結論が出るなど，そもそも基準足りえない」との評価もなされている。

（3）　**政教分離原則をめぐる裁判例**

・津地鎮祭事件（最大判昭52・7・13民集31巻4号533頁）

　三重県津市が，市立体育館の建設に当たり神式で地鎮祭を挙行し，公金を支出したことが憲法20条，89条に違反するとして提訴された。最高裁は，憲法20条3項がいう「宗教的活動とは，……，およそ国及びその機関の活動で宗教とのかかわり合いをもつすべての行為を指すものではなく，そのかかわり合いが右にいう相当とされる限度を超えるものに限られるというべきであつて，当該行為の目的が宗教的意義をもち，その効果が宗教に対する援助，助長，促進又

は圧迫，干渉等になるような行為をいうものと解すべきである」とし，「本件起工式は，……専ら世俗的なものと認められ，その効果は神道を援助，助長，促進し又は他の宗教に圧迫，干渉を加えるものとは認められないのであるから，憲法20条3項により禁止される宗教的活動にはあたらないと解するのが，相当である」と判示した。

・愛媛県玉串料訴訟（最大判平9・4・2民集51巻4号1673頁）

愛媛県知事が，玉串料・献灯料を靖国神社に対し，供物料を県護国神社に対し公金から支出したことが，憲法20条3項，89条に違反するとして住民訴訟が提起された。最高裁は，「玉串料等を奉納することは，建築主が主催して建築現場において土地の平安堅固，工事の無事安全等を祈願するために行う儀式である起工式の場合とは異なり，時代の推移によって既にその宗教的意義が希薄化し，慣習化した社会的儀礼にすぎないものになっているとまでは到底いうことができず，一般人が本件の玉串料等の奉納を社会的儀礼の一つにすぎないと評価しているとは考え難いところである」とし，玉串料などの奉納は，「その目的が宗教的意義を持つことを免れず，その効果が特定の宗教に対する援助，助長，促進になると認めるべきであり」，県と靖国神社等との「かかわり合いが我が国の社会的・文化的諸条件に照らし相当とされる限度を超えるものであって，憲法20条3項の禁止する宗教的活動に当たると解するのが相当である」として違憲と判示した。

・空知太神社訴訟（最大判平22・1・20民集64巻1号1頁）

北海道砂川市が連合町内会に対し市有地を無償で神社施設の敷地としての利用に供している行為が，憲法89条，20条1項後段に違反するとして住民訴訟が提起された。最高裁は，「本件利用提供行為は，市が，何らの対価を得ることなく本件各土地上に宗教的施設を設置させ，本件氏子集団においてこれを利用して宗教的活動を行うことを容易にさせているものといわざるを得ず，一般人の目から見て，市が特定の宗教に対して特別の便益を提供し，これを援助していると評価されてもやむを得ないものである」，「本件利用提供行為は，もともとは小学校敷地の拡張に協力した用地提供者に報いるという世俗的，公共的な目的から始まったもので，本件神社を特別に保護，援助するという目的による

ものではなかったことが認められるものの」,「社会通念に照らして総合的に判断すると,本件利用提供行為は,市と本件神社ないし神道とのかかわり合いが,我が国の社会的,文化的諸条件に照らし,信教の自由の保障の確保という制度の根本目的との関係で相当とされる限度を超えるものとして,憲法89条の禁止する公の財産の利用提供に当たり,ひいては憲法20条1項後段の禁止する宗教団体に対する特権の付与にも該当すると解するのが相当である」と判示した。

　津地鎮祭事件と愛媛県玉串料訴訟は,ともに目的効果基準に依拠しつつも,結論は,津地鎮祭は合憲,愛媛玉串料は違憲とその結論は分かれている。空知太神社訴訟においては,その宗教性が明白であるためか,目的効果基準は用いられていない。なお,この点について,藤田宙靖裁判官の補足意見は,「本件において,敢えて目的効果基準の採用それ自体に対しこれを全面的に否定するまでの必要は無いものと考える。但し,ここにいう目的効果基準の具体的な内容あるいはその適用の在り方については,慎重な配慮が必要なのであって,当該事案の内容を十分比較検討することなく,過去における当審判例上の文言を金科玉条として引用し,機械的に結論を導くようなことをしてはならない」と述べている。

Ⅲ　展　　開　　*Application*

1　思想・良心の自由とその主観性

　そもそも,思想・良心の自由とは何であるのかについて,学説上これまで必ずしも明らかであったとはいえない。西原博史も,「実は憲法19条に保障された権利の内容については,憲法学も十分明確な構造を描き出してきたわけではない」(西原博史「『君が代』裁判と外部的行為の領域における思想・良心の自由の意義」労働法律旬報1709号(2009年)8頁)と指摘するが,日の丸・君が代の学校現場における強制問題が,そもそも思想・良心の自由とは何であるのかとの問題

をクローズアップさせることとなった。

　市立小学校の音楽専科の教諭が，入学式の国歌斉唱の際に「君が代」のピアノ伴奏を行うことを内容とする校長の職務命令に従わなかったことを理由に戒告処分を受けたいわゆるピアノ伴奏拒否事件最高裁判決（最判平19・2・27民集61巻1号291頁）は，「学校の儀式的行事において『君が代』のピアノ伴奏をすべきでないとして本件入学式の国歌斉唱の際のピアノ伴奏を拒否することは，上告人にとっては，上記の歴史観ないし世界観に基づく1つの選択ではあろうが，一般的には，これと不可分に結び付くものということはできず，上告人に対して本件入学式の国歌斉唱の際にピアノ伴奏を求めることを内容とする本件職務命令が，直ちに上告人の有する上記の歴史観ないし世界観それ自体を否定するものと認めることはできない」とする。君が代に対する歴史観，世界観がなぜピアノ伴奏拒否と一般的に不可分に結び付くものといえないといえるのか，むしろ不可分に結び付きがあるともいえそうであるが，それはともかくも，たとえ，一般的に不可分に結び付くものではないとしても，しかし，思想・良心の自由は，「一般的に」どうかという一般論の問題ではなく，まさに各個人がどう考えるかであって，各個人の主観的問題であるのであり，このことが最高裁判決では見落とされている。

2　思想・良心の自由と「全体の奉仕者」，「地位の特殊性」，「職務の公共性」

　さらに，ピアノ判決は，公務員が「全体の奉仕者」（15条2項）であること，公務員の「地位の特殊性」，「職務の公共性」を根拠として，「本件職務命令は，その目的及び内容において不合理であるということはできない」とする。確かに，公務員が自己の思想・良心の自由を引き合いに直ちに職務上の義務を拒否できるということにはならないかもしれない。非ユークリッド幾何学を信奉する者が数学の図形の授業を拒否できるか（西原・前掲論文7頁以下）といわれれば，確かに一定程度の制限はやむをえないといえるであろう。

3　思想・良心の自由と法的義務

　さらに，進んで，公務員にとどまらず，一般国民レベルでこの問題を考えた

場合にも，納税などのさまざまな国民の義務を思想・良心の自由を理由に拒否することができるかについて，佐藤幸治は，「もしこれを一般的に承認するならば，おそらく政治社会は成り立たないであろう」，「法義務に対する拒否を一般的に承認することはできない」とする（佐藤・憲法論222〜223頁）。しかし，佐藤は，同時に，「個人がその内心（「思想・良心」）に基づく主張をしたとき，公権力がそれを尊重すべき場合があると解すべき」（同上書・223頁）とも述べ，「一般」論としての義務回避は困難であるとしつつも，思想・良心の自由による義務回避を「場合」によっては承認できるとする。人格形成の場であり，「強制」が最も望ましくない教育という場であるにもかかわらず，日の丸・君が代が強制される，これを拒否しようという思想・良心の自由は，十分「尊重すべき場合」に当たると考えられよう。

4　思想・良心の自由と学校

　ちなみに，ピアノ判決における藤田宙靖裁判官の反対意見は，「『「君が代」の斉唱をめぐり，学校の入学式のような公的儀式の場で，公的機関が，参加者にその意思に反してでも一律に行動すべく強制することに対する否定的評価（従って，また，このような行動に自分は参加してはならないという信念ないし信条）』といった側面が含まれている可能性があるのであり」，「そして，これが肯定されるとすれば，……，そのような信念・信条に反する行為（本件におけるピアノ伴奏は，まさにそのような行為であることになる。）を強制することが憲法違反とならないかどうかは，……，改めて検討する必要がある」と指摘し，学校現場における一律の強制に対し疑問を呈する。

　では，ここで問題となる思想・良心が，「『君が代』が果たしてきた役割に対する否定的評価という歴史観ないし世界観それ自体」だとすれば，どうであろうか。西原は，いわゆる予防訴訟東京地裁判決（東京地判平18・9・21判時1952号44頁）について，「憲法19条に関する根本的な誤解」（西原・前掲論文14頁）があるとし，「イヤなことをやらされたら良心の自由の侵害，自分たちの政治信条とずれることをさせられたら思想の自由の侵害，という論理だが，これが法的に通用する命題であるはずはない」（西原博史「『君が代』伴奏拒否訴訟最高裁判

決批判」世界2007年5月号140頁）と手厳しい。西原の危惧は，「予防訴訟判決は，教師の思想・良心の自由の主張の前に再び学校における子どもの無権利状態を確立しようとするもの」（同上論文143頁），「子どもは片方で学校行政を主体としたイデオロギー的教化に，他方で教師の思想・良心に基づいた洗脳に対して何の防御もなく直面する」（同上論文144頁）ということにあるといえよう。

　しかし，ここでは，「伴奏を拒絶することによって入学式における『君が代』斉唱に反対する意思を表明する積極的表現の自由」が問題とされているのであり，「本件のピアノ伴奏拒否は政治的な内容の表現であり，裁判所は表現の自由の中でも特に厚く保護しなければならない」（淺野博信「判批」ジュリ1354号（2008年）13頁）ものといえよう。さらに，この問題を特定思想に対する差別の問題ととらえれば，厳格審査に服すべき問題になるともいえよう（木村草太「表現内容規制と平等条項」ジュリ1400号（2010年）101〜102頁，なお，厳格審査については，第4章参照）。

5　2011年判決

　以上，ピアノ判決を素材に検討してきたが，ピアノ判決が，最高裁判所調査官解説がいうように，本件職務命令が，そもそも，19条の保障する思想及び良心の自由の制約に当たらないと解している（森英明「判批」ジュリ1344号（2007年）85頁）とすれば，2011年の一連の判決は，日の丸・君が代の強制が「間接的な制約」になりうることを認めており，その意味では，「一歩前進」といえるかもしれない。すなわち，判決は，「本件職務命令は，……その歴史観ないし世界観に由来する行動との相違を生じさせることとなるという点で，その限りで上告人の思想及び良心の自由についての間接的な制約となる面がある」とする。しかしながら，一連の判決は，結局は，「職務命令の目的及び内容並びに上記の制限を介して生ずる制約の態様等を総合的に較量すれば，上記の制約を許容し得る程度の必要性及び合理性が認められる」として，職務命令による制約の「必要性及び合理性」を承認するのであり，思想・良心の自由の意義を過小評価するものであり，ピアノ判決と大差ないといわざるをえない。

　国旗国歌法は，何らの強制を伴うものではないというのが国会審議時の政府

答弁であり，立法者意思である。日の丸・君が代に対しては，教職員にとどまらず，子ども，保護者など学校行事参加者の中にさまざまな考え方があるのであり，強制するのはいうまでもなく，「沈黙の自由」を実質的に否定する学校行事のあり方は根本から考え直されなければならないといえよう。条例で強制しようなどもっての外である。

〔参考文献〕
倉田原志「『日の丸・君が代』裁判（2つの高裁判決）と思想・良心の自由」労働法律旬報1746号（2011年）
西原博史「『君が代』不起立訴訟最高裁判決をどう見るか」世界2011年9月号

【小松　浩】

第4章 表現の自由

自由なコミュニケーションの保障

I 事 例　　　　　　　　　　　*Starting Point*

　海外から入国しようとする時に，空港では2つのものが待ち構えている。1つは入国審査であり，パスポートなどにより人がチェックを受ける。もう1つは税関検査であり，持ち物を検査される。税関検査は本来，輸入されようとしている物に関税をかけることを目的としているが，それと同時に輸入禁制品が国内に入ることを防いでいる。この税関での輸入禁制品の取り締まりは，この章で取り上げる表現の自由との関わりで，様々な問題があるとして批判が強いにもかかわらず，いまだ維持されている。

　最高裁判所は，税関検査に関して，ヌードなどが含まれる写真集を日本国内に持ち込むことについて，10年足らずの間に基準を変更したかのような2つの判断を下している。1999年には外国で開かれた回顧展のカタログが輸入禁制品とされ，日本国内への持ち込みが許されない物とされた（最判平11・2・23判時1670号3頁）。ところが2008年には，1999年のカタログといくつもの共通点があるにもかかわらず，同じ写真家の写真集を輸入禁制品ではないとして，税関によって下された判断を覆し，日本国内への持ち込みを認めている（最判平15・2・19民集62巻2号445頁）。

　このカタログと写真集は，同じアメリカの著名な写真家ロバート・メイプルソープの作品を綴った美術愛好家向けの物で，いずれも事件の前に日本国内で

一般の人が入手可能であった。その上，カタログの写真の中で1999年にわいせつ物だとして問題だとされた13葉の写真のうち5葉もが，2008年で持ち込んでも良いとされた写真集に掲載されていた。2008年でわいせつ物だとして問題となったのはこの5葉も含めて20葉，うち2葉は同じ写真の縮小版であるから，4分の1余りもが共通していたことになる。ここまで共通点が多いのであるから，最高裁が輸入禁制品としてのわいせつ物の基準をこの間に変更したように見える。

なお，本件では関税定率法21条1項規定の「風俗を害すべき書籍，図画」等に当たるかが争われているが（2008年判決事件当時は，4号に記載。その他の事例事件当時は，3号に記載），2005（平成17）年に法令が改正され，現在は関税法69条の11第1項7号に同様の規定がある。また，8号に児童ポルノが輸入禁制品として加えられた。

人権の中でも重要とされる表現の自由に関して，罰せられたり不利益を被ったりする基準が，このように短期間で変わってしまっても良いのであろうか。もし，変わることが許されるなら，それはどのような理由であれば良いのであろうか。

II 講　義　　*Knowledge*

1　表現の自由の内容と性格

（1）**表現の自由の射程**　　まずは，表現の自由を概観し，その内容と重要性を確認していく。

日本国憲法21条1項は「集会，結社及び言論，出版その他一切の表現の自由は，これを保障する」とし，表現の自由一般を定める。ここで保障される表現には，手話なども含めた演説，会話などの典型的な言論，書籍，新聞，雑誌などを含めた出版の他，ビラ貼りやビラ配りも含まれ，またそれに留まらず，絵画，写真，彫刻，オブジェなどの芸術作品，パフォーマンスや演劇，映画，T

Vやラジオの番組やコマーシャル，インターネットや携帯電話のホームページ，ブログ，twitterなど，ありとあらゆる表現あるいは表現手法が含まれ，将来生まれるであろう表現手法も含まれていくことになる。さらに，表現の自由の一内容として，集会及び結社の自由が規定されている。

　集会及び結社の自由は，ヨーロッパの国々では表現の自由と区別され別に規定されることが多いが，日本国憲法ではアメリカ合衆国憲法にならい表現の自由の一形態として保障されている。集会は，多数の者が何らかのテーマに関わって一定の場所に参集するものであるが，そこでは情報の交換，討論など様々な表現を用いる交流が行われ，また，集会を通して耳目を集め，対外的に意見や情報を訴えていく有効な手段であるため，表現の自由の一環として保障されている。デモ行進（集団示威行動）は動く集会とも言われその一形態として保障されるが，より対外への訴求性が強い。結社は，集会が一時的な参集であるのに対し，継続的な結合をいう。集会と同様，対内的な交流，対外への表現が行われ，ここにその自由が保障されている。なお，特別な結社については，宗教団体につき20条に，労働組合につき28条に別の規定が置かれている（宗教団体につき第3章，労働組合につき第6章参照）。政党については日本国憲法には明記されていないが，政治的結社としての政党は21条で保障されていると考えられ，議会制民主主義国家において大きな役割を果たしている。

　（2）　**表現の自由の役割とその重要性**　このように非常に広い射程範囲をもつ表現の自由は，後述の表現の自由の優越的地位の理論や，二重の基準論にも現れるように，憲法の保障する基本的人権の中でも最重要の権利とされる。その根拠としては種々のものが挙げられるが，多くは表現の自由が社会において果たしている役割から表現の自由の重要性を説く。

　まず第1に，表現の自由を保障することは，(1)真理への到達に寄与すると言われる。異端で真実ではないと思われ嫌われるような反論であっても抑圧せず，思想の自由市場とも呼ばれる自由な討論の中におく方が，真理に到達する可能性が高いというのである。天動説に対する地動説などを想起すれば理解できるであろう。次に，(2)個人の自己実現に役立つというものである。これは(1)の思想の自由市場を前提とするものである。人が自らの目標を定め，成長し，

人格を作り上げ，自分の可能性を実現していくためには，様々なことを知り，また表現し，交流をしていくことが必要であり，そのためには表現の自由が不可欠である。もう1つ，(3)民主主義過程における表現の自由の役割を見逃してはいけない。市民参加を保障するためには，選挙の時だけでなく広く活発で自由な討論と政治的批判，そして障害のない情報の流通が確保されなければならない。民主主義過程において，これらを保障する表現の自由は，まさしく欠くべからざるものである。

　これらは相互に絡み合っているが，近年は特に(2)個人の自己実現や(3)民主主義過程での役割が強調される。これらを根拠として表現の自由の重要性が説かれ，表現の自由は，近代に強く求められた経済的自由よりも優越的地位にあるとされる。この表現の自由の優越的地位の思想は，後述の表現の自由規制に対する違憲審査（司法審査）基準の厳格化を求めることとなる（二重の基準論や違憲審査（司法審査）基準については，「5　違憲審査基準」参照）。

2　知る権利・報道の自由

　（1）　知る権利と情報公開　　現代において出現したマスメディア，特にＴＶと一般市民の情報伝達能力の格差は，表現者としてのＴＶの君臨と，情報の受け手に甘んじる一般市民という立場を固定した。このゆがんだ状況は，法人の人権共有主体性とも関わりながら，一般市民が情報の流通過程において主役の座を取り戻し，主導的役割が果たせるようにするための知る権利理論を生んだ。

　国民の知る権利とも表されるように，知る権利の理論は民主主義過程と深く関わる。特に議会制民主主義国家においては，自らの投票行動を決めるには，種々の情報を得なければならない。この情報を主に提供するのはマスメディアであり，マスメディアはそのためにこそ存在し，主権者たる市民が必要としている情報を提供する義務がある一方，主権者たる市民にはそれを求める権利，すなわち知る権利があるとして主客逆転を図っている（なお，国民主権については，第11章参照）。

　知る権利は前述のように一方で，情報を求める権利と位置づけられもするが，他方，干渉されずに情報を得る自由でもある。すなわち，知る権利は自由

権としての性格を持ちつつ，請求権的な性格を持つ。

　情報を得ようとする知る権利の請求権的な性格は，国家に対しても情報の公開を要求する。情報公開の諸制度がこれを満たすことになるが，日本では地方自治体レベルの整備が先行し，ようやく2001年4月に国レベルの情報公開法が施行された（「行政機関の保有する情報の公開に関する法律」）。しかしながらその5条には，個人情報，国家機密，行政機密など不開示情報が列挙されており，その具体的な運用次第では制度の実効性を保てなくなるであろう（個人情報保護については，第1章及び「個人情報の保護に関する法律」などを参照）。

　（2）**報道の自由**　TVや新聞などの報道機関は，自らの意見などを表明する表現の自由と共に，市民の知る権利を充足するため，報道の自由が保障されることとなる。報道の自由は，市民に事実を伝える自由であるから，その事実を得るために一定程度の取材の自由も認められる。最高裁も「報道機関の報道は，民主主義社会において，国民が国政に関与するにつき，重要な判断の資料を提供し，国民の『知る権利』に奉仕するものである。したがつて，思想の表明の自由とならんで，事実の報道の自由は，表現の自由を規定した憲法二一条の保障のもとにあることはいうまでもない。また，このような報道機関の報道が正しい内容をもつためには，報道の自由とともに，報道のための取材の自由も，憲法二一条の精神に照らし，十分尊重に値いするものといわなければならない」と述べている（博多駅テレビフィルム提出事件・最決昭44・11・26刑集23巻11号1490頁）。

　ただし，少年法61条は，成人に比べて少年の更生可能性を重視する立場から，本人を推知することができる氏名や写真などの新聞等への掲載を禁ずる。また裁判における証言拒否については，裁判の公正のため大きく制限されると考えられてきたが，取材源の秘匿について，近年取材源を民事訴訟法197条1項3号の「職業の秘密」に当たるとした上で，この秘密が保護されるべきかは「秘密の公表によって生ずる不利益と証言の拒絶によって犠牲になる真実発見及び裁判の公正との比較衡量により決せられる」とし，取材源を保護すべきとした事例がある（NHK嘱託証人尋問拒絶事件・最決平18・10・3民集60巻8号2647頁）。なお，刑事事件における取材源の秘匿については，民事事件との性格の

差異に留意しながら検討をしなければならない（朝日新聞記者証言拒否事件・最判昭27・8・6刑集6巻8号974頁など）。

3　検閲の禁止

（1）**検　　閲**　憲法は21条1項とは別に，その2項前段に「検閲は，これをしてはならない」と明確に定め，これは検閲を例外なく絶対的に禁止する趣旨だとされている。これは税関検査についてのリーディング・ケースである1984年の最高裁判決（最判昭59・12・12民集38巻12号1308頁，判時1139号12頁）も触れるように，歴史上検閲によって市民が犠牲にされ，ことさら日本においては，旧憲法下，出版法や新聞紙法などにより真実が国民に伝えられず，戦争が遂行され国民が犠牲にされた苦い経験があるからである。「検閲がその性質上表現の自由に対する最も厳しい制約となる」（前掲，1984年税関検査判決）からこそ，検閲は絶対的に禁止されているのである。

（2）**規制分類と検閲**　検閲が情報操作にきわめて有効で，したがって市民にとって危険であることは，表現の自由に対する規制分類からも窺える。すなわち(1)事前抑制か事後抑制（事前規制，事後規制とも呼ばれる）か，(2)内容規制か内容中立規制か，の分類である。

(1)の観点は，規制が表現される前に行われる（事前抑制）か，表現がされた後にペナルティーが与えられる（事後抑制）かで分類が行われる。公表前に公表を封じられる規制が事前抑制であり，公表後にその公表を理由に刑罰などが与えられるものが事後抑制である。検閲は事前抑制の典型であり，税関検査，仮処分に基づく出版物の事前差し止めも事前抑制と考えられる（ただし，前掲1984年税関検査最高裁判決は税関検査につき「事前規制たる側面を有することは否定することはできないが」「事前規制そのものということはできない」としている）。名誉毀損に対する刑罰（刑法230条・203条の2）やその損害賠償（民法709条以下。特に710条・723条）などが事後抑制の典型である。この2つの分類では，事前抑制では情報の伝搬可能性が全く失われるのに対し，事後抑制ではペナルティーを覚悟で情報が伝えられる可能性があるため，情報受領者たる市民あるいは社会にとり事前抑制の方がより危険であるとされる。

(2)の観点は，規制が内容に着目して行われるかどうかである。わいせつや国家秘密など内容によって行われる規制が内容規制であり，内容とは無関係に行われる時間や場所，方法などによる規制が内容中立規制と呼ばれる。デモ行進のルート指定や方法規制，集会の日時制限などが典型的である。両者のうち，時間や場所，方法による規制は，他の時間，他の場所，他の方法を選ぶことにより表現が行える可能性があるのに対し，内容による規制はその内容は伝わらないことを意味するのであるから，一般に内容規制の方がより危険であるとされる。ただし，表面上内容中立規制のように見えながら，内容に着目して差別的に規制が行われたり，内容中立規制の手法を採りながら，実質的に表現効果を無にする規制が存在することには注意しなければならない。

後に触れる，表現の自由規制に対する違憲審査基準との関わりでは，一般にその危険度に応じ，より危険であるとされる事前抑制や内容規制の方が，事後抑制や内容中立規制よりも厳格に審査され，厳しい違憲審査基準が適用されなければならないとされる（「5　違憲審査基準」参照）。

典型的な検閲は，王または政府が，国内で公表される出版物などを出版前にすべて集めてその内容を審査し，都合の良いものだけ出版を許す。公表前に，内容を審査し，その内容により公表を禁ずるのであるから，事前抑制で，かつ内容規制である。したがって上記2つの観点による分類に従うと，市民にとってより危険とされるもの同士を掛け合わせたものとなる。すなわち事前抑制であり，かつ内容規制であり，「表現の自由に対する最も厳しい制約となる」（前掲，1984年税関検査判決）。そのため憲法は，検閲を最も危険なものとして絶対的に禁じているのである。

4　表現の自由を巡る判例

（1）　**検閲を巡る判例**　市民にとって致命的な検閲ではないかと争われた諸事例の多くが，憲法の禁じた「検閲」に当たるかどうかの基準としてきたのが，税関検査のリーディング・ケースである1984年の最高裁判決が示した「検閲」の定義である。いわく憲法21条2項が禁ずる検閲とは，「行政権が主体となつて，思想内容等の表現物を対象とし，その全部又は一部の発表の禁止を目

的として，対象とされる一定の表現物につき網羅的一般的に，発表前にその内容を審査した上，不適当と認めるものの発表を禁止することを，その特質として備えるものを指す」。以下，それぞれの事件において，この定義がどのような役割を果たしたかを，その特徴的な部分のみ概観しておく。

まずこの定義を打ち出した税関検査についての1984年最高裁判決であるが，税関検査は次の点で禁じられた「検閲」の定義に当てはまらないとする。1つには，確かに輸入禁制品とされると日本国内においては当該表現物は発表される機会が失われるため，事前規制（抑制）たる側面を有するが，「国外においては既に発表済みのものであって，」「事前に発表そのものを一切禁止するというものではない」。また，税関により没収，廃棄されるわけではないから，事前規制（抑制）そのものではないとする。次に，税関検査は関税徴収手続きの一環として，付随的に「容易に判定し得る限りにおいて」行われるもので，「思想内容等それ自体を網羅的に審査し規制することを目的とするものではない」とし，税関自体は「思想内容等を対象にしてこれを規制することを独自の使命とするものではなく」，司法審査の機会も与えられていることを指摘して，結局税関検査を禁じられた「検閲」ではないとしている。この理由付けからも見て取れるように，最高裁がここで示した憲法によって禁じられた「検閲」の定義は余りにも狭く，厳しい批判にさらされているが，それでも後の判例はこの定義を用いて問題とされた様々な制度を禁じられた「検閲」ではないと断じていくことになる。

「北方ジャーナル」事件では，1979年の北海道知事選に立候補予定の者を批判攻撃した雑誌記事が名誉毀損を引き起こすとして，当該記事掲載雑誌が裁判所の仮処分（旧民事訴訟法756条以下）によって発売前に公表差し止めとなった。仮処分という裁判所による予防的な簡易手続きによる差し止めということもあり，憲法により禁じられた「検閲」に当たり許されないのではないかと争われた。しかしながら最高裁は，上記1984年税関検査最高裁判決での禁じられた「検閲」の定義とは異なり，行政機関ではない司法裁判所が，当事者の申請に基づき審理して差し止めを命ずるのであるから，憲法の禁じた「検閲」ではないとした（最判昭61・6・11民集40巻4号872頁）。

文部科学省（当時，文部省）によって行われる教科書検定の是非を争った，「家永教科書裁判」として知られる一連の裁判がある。教科書検定に合格しなければ，教科書として使用されない。元東京教育大学教授家永三郎の著した「新日本史」に対するいくつかの検定処分について，第 1 次訴訟から第 3 次訴訟まで，1967年から実におよそ30年にわたり争われた。その中で，検定不合格処分の取り消しが求められた第 1 次訴訟で最高裁は，教科書の特殊性を強調した上で，教科書検定は「一般図書としての発行を何ら妨げるものではなく，発表禁止目的や発表前の審査などの特質がないから，検閲に当たらず，憲法二一条二項前段の規定に違反するものではない」とした（最判平 5・3・16民集47巻 5 号3483頁）。

これら 3 つの判決からも窺い知れるように，上記1984年税関検査最高裁判決で示された憲法によって禁じられた「検閲」の定義には，最も典型的な検閲しか該当しない。最高裁は，1984年税関検査最高裁判決でも「表現の自由は，憲法の保障する基本的人権の中でも特に重要視されるべき」と言いながら，「さりとて絶対無制限なものではなく，公共の福祉による制限の下にあることは，いうまでもない」として，制限は当然だとの立場を採る。最高裁がこれまでに憲法で禁じられている「検閲」であると断じた制度はなく，多くの制度をそのまま存続させている。

なお，「検閲」に該当しなくても，重要な表現の自由に対する事前抑制となる場合，原則21条 1 項に反することになるが，上記 3 つの判決は，いずれも制度の意義を強調し，表現の自由を不当に侵害してはいないと結論している。

（2）　その他の判例　　表現の自由に関する判例は多く，ここでは紹介しきれない。表現の自由の各分野で代表的なものだけを概観しておく。

名誉・プライバシーに関する判例としては，上で取り上げた「北方ジャーナル」事件以外に，『宴のあと』事件がある。元外務大臣と料亭の経営者であるその妻をモデルとし，その選挙戦や離婚などを描いた小説がプライバシーを侵害したとされた事件で，裁判上初めてプライバシー権を認め，プライバシー権侵害に対する損害賠償を認めたが，謝罪広告は認めなかった（東京地判昭39・9・28下民集15巻 9 号2317頁）。控訴中に原告が死亡し和解となった。

TVなどの大がかりな表現伝達手段を持たない者にとっては，手軽な表現手段であるビラ貼りやビラ配り，集会やデモ行進は，インターネットが普及した今日でも大きな意味を持つ。デモ行進（動く集会とも言われる）は表現だけでなく行動をも伴うという性質もあり，多くの自治体で公安条例により制約されている。東京都公安条例事件判決（最判昭35・7・20刑集14巻9号1243頁）をはじめデモ行進の許可制は憲法に反しないとされている。また届け出制を定めた徳島市公安条例事件判決（最判昭50・9・10刑集29巻8号489頁）なども規制の明確性が争われたが，憲法に違反するまでのものではないとされた。デモ行進の行動面の害悪が強調され，公安条例や道路交通法によるデモ規制は，有効なままである。

　ビラ配りについては特に刑法130条に定められた住居侵入罪等を用いた取り締まりが問題となる。最高裁は吉祥寺駅事件判決（最判昭59・12・18刑集38巻12号3026頁）で，伊藤正己裁判官が補足意見でいわゆる「パブリック・フォーラム」論を展開しながらも多数意見に与したこともあり，鉄道営業法35条や刑法130条による駅構内での無許可ビラ配りの処罰を憲法に反しないとしている。近年においては，立川反戦ビラ配布事件で，自衛隊宿舎にピザ広告などが同じように配布されているにもかかわらず，反戦ビラ配布だけが起訴され，狙い撃ち的な取り締まりではないかと問いただされながらも，最高裁は反戦ビラ配布行為を無罪とした一審の判決（東京地八王子支判平16・12・16判時1892号150頁）を覆し，有罪とした（最判平20・4・11刑集62巻5号1217頁）。

　表現の自由は前述のように（「1(2)　表現の自由の役割とその重要性」），民主主義過程にとって不可欠である政策過程との関わりでは，特に判断材料を得るための情報公開（前述「2　知る権利・報道の自由」），公務員の政治活動の自由，選挙運動の規制などが特に問題となる。情報公開については，地方自治体の情報公開条例や情報公開法などの整備が進んだが，いまだ行政の裁量が広く認められている。公務員は，日本国憲法15条2項で「全体の奉仕者」とされ，国家公務員法102条や人事院規則により政治活動（特定の党派的な活動）を制限される。この制限は，猿払事件最高裁判決（最判昭49・11・6刑集28巻9号393頁）から，公務員の政治的中立性が強調され許容されてきた。近年では年金調査官に

よる政党機関誌配布に対し，無罪とした東京高等裁判所判決などが下される一方（堀越事件・東京高判平22・3・29判タ1340号105頁），対照的に同様の事件で有罪とされた世田谷事件東京高等裁判所判決（東京高判平22・5・13）があり，最高裁の判断が注目される。

　選挙運動については，特に戸別訪問の禁止が問題とされる。戸別訪問は買収，利害誘導などの温床になる，平穏な生活を害する，訪問のための費用がかさみ候補者間で不平等が生じるなどの弊害が強調され，禁止しても憲法には反しないとされてきた（最判昭56・6・15刑集35巻4号205頁など）。伊藤正己裁判官が，これらの禁止の根拠は疑わしいとしながらも，規制は立法政策の問題であるとする補足意見を示した判決も存在する（最判昭56・7・21刑集35巻5号568頁）。

　ビラ配りやデモ行進，選挙運動などの諸判決では，しばしば表現そのものの規制ではなく，内容に関わりのない行動の規制（時・所・方法などによる規制），すなわち違憲審査基準も若干緩和される内容中立規制であると強調されることには十分な注意が必要である。

　わいせつ物規制については税関検査の他，『チャタレー夫人の恋人』事件判決（最判昭32・3・13刑集11巻3号997頁）などがあり，わいせつ性の判断基準は『四畳半襖の下張り』事件判決（最判昭55・11・28刑集34巻6号433頁）には確立したと思われる。わいせつであるかどうかは，文書全体から総合的に，その時代の健全な社会通念に照らして，それが「徒らに性欲を興奮又は刺激せしめ，かつ，普通人の正常な性的羞恥心を害し，善良な性的道義観念に反するもの」に該当するかであるとされる。1957年当時わいせつ物であるとされたD. H. ロレンスの著作『チャタレー夫人の恋人』の翻訳が，現在取り締まられることもなく販売されていることからもわかるように，何がわいせつであるかは時代とともに変化していく。後にも触れるが，メイプルソープの写真集を巡る税関検査に対する2つの判決が示す結論の違いは，多くわいせつ概念の変化にもよっているように思われる。

5　違憲審査基準

(1)　優越的地位の理論と二重の基準論　「1(2)　表現の自由の役割とその重要性」で概説した表現の自由が果たす役割を根拠に，表現の自由を尊重する傾向の強いアメリカの判例の積み重ねにより優越的地位の理論が築き上げられた。表現の自由はその重要性に鑑みて経済的自由よりも優越的な地位にあるとされる。この優越的地位の理論は，具体的な司法審査（違憲審査）の場面で用いられる違憲審査基準の違いとして現れる。すなわち，経済的自由規制に対する違憲審査基準よりも表現の自由に代表される精神的自由規制に対する違憲審査基準の方が厳格であるべきであるとされる。経済的自由規制に対する相対的に緩やかな審査基準と，精神的自由規制に対する相対的に厳格な審査基準の2つの審査基準を使い分けなければならないと言うのである。これを二重の基準論と呼んでいる。この考え方は日本でも提唱され，学説においてはほぼ受容されていると言われるが，概観してきた諸判決の多くが一応に表現の自由の重要性について言及しながらも，それらの結論の多くが表現の自由に対する規制を認めているように，決して確立したものとはなっていない。

(2)　違憲審査基準　表現の自由規制に対する違憲審査の大原則としては，これまで見てきた検閲の禁止がまず挙げられるが，日本の裁判所は検閲の禁止とは別に事前抑制の原則禁止を言う。「4(1)　検閲を巡る判例」で取り上げた判例では，問題となった税関検査などの制度は，絶対的に禁止された行政による「検閲」でもない上，事前抑制として許されないものでもないとされているのである。

次に主権者たる国民の代表である国会の立法は，司法審査（違憲審査）において，おそらく憲法に反していないであろうという合憲性の推定を受けるのであるが，表現の自由規制立法審査では，合憲性の推定が排除され，厳しく審査されなければならないとされている。

「明確性の原則」は，表現の自由を規制する法令の文言は，明確でなければならないというものである。罪刑法定主義とも関連し，特に表現に規制が行われる場合，規制する法令の文言が不明確であると，人々はどこまでの表現が許されるかがわからず，ペナルティーを恐れて萎縮し，必要以上に表現を控えま

すます表現を行わなくなってしまう（これを，萎縮効果と呼ぶ）。これを防ぐための原則であり，デモを規制する公安条例や，わいせつ物の取り締まりにおいて多く問題となる。

税関検査の事例においては，関税法（2005年改正前は，関税定率法）は「風俗を害すべき書籍，図画，彫刻物その他の物品」を輸入禁制品としている。「風俗を害すべき」が明確であるかどうかが問題とされたが，1984年税関検査最高裁判決は，これを「わいせつ」を指すものとして，合憲的に限定解釈を行うことができるとし，明確性に問題はないとしている。

このほか代表的な具体的違憲審査基準をいくつか取り上げておく。「明白かつ現在の危険テスト（clear and present danger test）」は，規制が許されるのは，その表現を許すことにより，実質的な害悪が引き起こされる差し迫った明確な危険がある場合に限られるとするものである。非常に限定した状況でのみ，表現の自由を規制することが許されることとなる。

「より制限的でない他の選びうる手段（Less Restrictive Alternatives：頭文字をとりLRAと呼ばれる）」は，規制手段は規制目的達成のための最小限度のものでなければならず，規制目的を達成するために，より制限的でなく表現の自由への制約の度合いが低い手段が有るにもかかわらず，表現の自由への制約がより厳しい手段を用いていた場合，その法令は違憲となるという基準である。

III 展　開　　Application

1　ネットの到来と表現の自由の原理論

いわゆるインターネット（以下，より広い意味を持たせるためにネットという言葉を用いる）の到来は，表現の自由理論に大きな影響を与えることとなった。1つには，ネットの普及は，一般市民が広く情報を伝える手段を持たないという知る権利提唱の前提を崩した。ネットの世界ではそれを利用できる誰でもが，TVがなかなか越えることのできない国境をも越えて，全世界に自分の意

見や持っている情報を伝えることができる可能性がある。また，同じ TV 番組が，ネットの回線を通じて私たちに届けられたりもする。そして個人の多くが，無線 LAN など電波を通して自らを表現していく。いわゆる通信と放送の融合も起こっている。放送のデジタル化に伴う多チャンネル化と相まって，電波の希少性などから TV など放送を特別扱いし，放送だけに規制を行う現制度の論拠が薄らいでいるのである。市民たちはネットという有効な表現手段を手に入れ，再び主役の座に返り咲き，ネットを用い対抗言論で TV とでも対等に戦うことができるとさえ主張される。

　この状況に合わせ，2006年１月に「通信・放送のあり方に関する懇談会」が設置され，通信及び放送の総合的な法体系作りが検討され，2010年11月に法体系を変革するための法律（「放送法等の一部を改正する法律」）が成立し，通信・放送に関連する９つの法令のうち８つが，「放送法」など４つに再編された。しかし目指されたいわゆるハードとソフトの完全分離は実現されず，放送事業の実態にすぐに大きな変化は生じないとみられているが（鈴木秀美「放送法改正の概要」法時83巻２号（2011年）80頁），今後も新たな技術の発展に従い，この分野の法体系自体が変革を迫られていくことも確かである。

2　ネットの到来と裁判基準

　具体的憲法理論，各分野の法体系に限らず，技術の発展は当然に裁判基準をも変更しつつある。本章で取り上げた税関検査は，わいせつ物の取り締まりに関するものである。メイプルソープの同じ写真を含む写真集に対する２つの異なる判決は，およそ10年の間での一般社会の健全な社会通念を基準とすべきとされる「わいせつ」を巡る社会情勢の変化を反映しているともいえる。2008年判決は，1999年判決と異なる結論を出すに当たり，写真集の構成の違い（微妙とも言われる）だけでなく，検査の時点が異なることを示している。しかしそもそも，税関によって国境で「わいせつ」物を食い止めることが，「検閲」に当たらず許され，可能であるとしても，遙かに上回る「わいせつ」画像や動画がネットを通じて流入し，流通している。多くの批判を浴びながら，税関検査の「検閲」性を否定し，存続させていく必要があるのか，疑問である。もっ

ともメイプルソープの写真集に関する事件では，いずれも既に日本国内で流通していたものを改めて持ち込もうとしたもので，最高裁はそれでも税関で検査対象としうると言っているのであるから，ネット上に多数存在しても，空港などで流入を防ぐため税関検査を存続させる意味があるのかもしれないが，その正当性の論証は難しいであろう。

　表現の自由は，見てきたように個人の人格を作り上げ，民主主義社会に貢献するという理由で私たちに不可欠で，非常に重要であり，憲法が保障する人権の中でも最も重要なものの1つとされる。だからこそ表現の自由に対する規制は，萎縮効果が現れないよう明確でなければならず，違憲審査でも厳格な基準が用いられる。やはり「わいせつ」といえども規制基準が曖昧であったり，すぐに変化してしまうことは許されないと言うべきであろう。すぐに変更しなければならないということは，それだけで以前の基準に問題があったことを露呈しているともいえる。

　将来も表現を伝える媒体（メディア）の技術的発展により，具体的適用場面での見直しはあるとしても，果たして原理論まで変質を迫られているのかは常に問題にされなければならない。やはり広い意味でのコミュニケーションの本質をとらえた上で，技術革新にも耐えられる，後追いにならない包括的な理論体系整備が望まれるのではなかろうか。

［参考文献］
市川正人『表現の自由の法理』（日本評論社，2003年）
奥平康弘『なぜ「表現の自由」か』（東京大学出版会，1988年）
ローレンス・レッシグ／山形浩生ほか訳『CODE』（翔泳社，2001年）

【上出　浩】

第5章 経済的自由

勝ち組による市場支配の自由？

I 事　例　　　　　　　　　　　　Starting Point

　2006年11月，入学料を除く授業料等学費の返還請求について，最高裁は相次いで判決を出した。2002年度入学に関わる事例については，2001年4月1日より施行された消費者契約法を根拠にしていた。一連の類似の事件のうち，学校法人Yの大学については，その学生募集要項に入学時納入金はいかなる理由があっても返還しない旨が書かれており，入学手続要綱にも同様の記載があった。同大学の入学試験に合格しながら入学を辞退したXは，すでに入学金28万円，授業料等49万8800円を入学時納付金として納付していたため，Yに対し不当利得として納付済みの入学時納付金の返還を求めた。これについて東京高裁は，上記学生募集要項の記述にかかる不返還特約が，消費者契約法9条1号にいう損害賠償予定条項に該当するとしたうえで，上記入学時納付金のうち入学金以外の部分について，同条に定める損害賠償予定の金額に相当するとし，それが「平均的な損害」を超えていることから，Yに返還を命ずる旨の1審判決を支持した。このため，Yは，消費者契約法9条1号自体が憲法29条に違反すると主張して上告した。
　最高裁は，「財産権に対する規制が憲法29条2項にいう公共の福祉に適合するものとして是認されるべきものであるかどうかは，規制の目的，必要性，内容，その規制によって制限される財産権の種類，性質及び制限の程度等を比較

考量して判断すべきものである」として，証券取引法事件判決（最大判平14・2・13民集56巻2号331頁）を踏襲した判断枠組みを示したうえで，「消費者と事業者との間には，その有する情報の質及び量並びに交渉力の格差が構造的に存在し，消費者と事業者との間に締結される契約を双方の自由な交渉にゆだねるときには，上記のような格差から消費者の利益を不当に侵害する内容の契約が締結されるおそれがあるから，このような消費者の不利益の発生を防止し，消費者を保護する必要が存在する」とし，その必要性から，契約の損害賠償予定条項については，「平均的な損害」に限って認められるとする消費者契約法9条1号は「立法目的達成のための手段として，必要性や合理性を欠くもので」はなく，憲法29条に違反しないとした（最判平18・11・27判夕1232号82頁）。

憲法29条1項は「財産権はこれを保障する」とし，一般にこれは経済的自由を保障したものと理解されているが，以上のように法律をつうじて経済的活動を当事者の全くの自由に委ねない（自由の制限）ことについて，どのように考えればよいだろうか。

Ⅱ 講　義　　　　　　　　　　　　*Knowledge*

1　経済的権利の考え方

市民革命は，基本的人権を確立する巨大な運動であったが，なかでも自由，とりわけ経済的自由の確立は，革命を推進する中心的主題であるブルジョアジーにとっては，非常に重要な獲得目標であった。フランス革命を通じて確立したフランス人権宣言は，その第2条で，時効によって消滅することのない自然的な諸権利として，「自由，所有，安全および圧制への抵抗」を挙げ，また第17条で，「所有」を「神聖かつ不可侵の権利」とした。このように経済的権利を基本的人権の1つとして位置づけ，重視したのは，打倒対象とした封建制が，封建的な収奪構造を持っていたと同時に，財産価値を資本として運用しようとする場合にも大きな壁として立ちはだかっていたからである。

このように，経済的権利はブルジョアジーの利害の表明という側面を持ち合わせていた。個人がすべて小商品生産者として立ち現れるのであれば，この要求は確かに普遍的なものであったが，資本主義の発達によって，労働者を支配下において彼らの成果としての生産物を雇い主が自らの所有にする場合には，必ずしも普遍的とはいえなくなる。

　さらに，資本主義社会における自由な経済活動が，他人の労働を購買し，それによって行われると理解すれば，労働の取引自体が経済活動そのものであるということになろう。当時発達しつつあったブルジョアジーにとっては，この労働の取引の自由も重要な要求であった。この点からも，経済的自由の位置づけは高いものとなった。

　しかし，労働者と資本家は必ずしも対等な立場で労働者自身の労働を取引するのではない。というのも，労働市場において労働は基本的には買い手市場（常に雇用を求める人があふれている状態）であって，雇い主は自らの計算に基づいて安くて有能な労働力を選択して購買することができるが，労働者から見ればそもそも雇われないという選択は，生活していくことができないということを意味するからである。

　つまり，自由な経済活動があらゆるところで貫かれようとすると，自らの生存すら脅かされる人びとが出てくる。基本的人権は本来，人が人として生きていくために必要不可欠な権利であるとして主張されたにもかかわらず，経済活動の自由の貫徹は，それと深刻に矛盾するようになったのである。このことから，経済活動の自由に対して何らかの介入を図ることによって，人間として生きるということを普遍的に保障しようという考え方が出てくるようになった。このような考え方に基づいて形成される国家を「福祉国家（あるいは社会国家）」と言う。この福祉国家思想の展開により，経済活動に対しては社会性が強調されるようになる。ワイマール憲法153条3項が「所有権は義務を伴う。その行使は，同時に公共の福祉に役立つべきである」としたのは，その表れであった。

　こうして，現代の国家では，おおむねこの福祉国家の考え方を承認し，経済活動に対して自由放任（レッセ・フェール）ではなく，経済社会政策上の介入が

なお，後述の営業の自由について，経済史学者の岡田与好による批判を端緒に1970年代に営業の自由論争が生じた。岡田は，営業の自由の歴史的成り立ちを見れば，経済的に特権化された集団（中間団体）を，国家が解体ないし禁止することによって生み出された「公序」であり「人権」ではないとして，営業の自由を「国家からの自由」として位置づける憲法学の趨勢に異を唱えたのである。この論争で，法律学者はおおむね，歴史認識の問題であって憲法解釈論とは区別される，との対応をした。この論争は，経済的権利が何の法秩序も前提としない真に自然的な権利であるのかどうかについて，省察するきっかけを現在でも与え続けている。

2　経済的権利の内容

　経済的権利に関する日本国憲法の規定は，22条と29条であるとされ，多くの概説書でもそのように取り扱われている。ただし，22条が規定する内容が果たして経済的権利といえるのか否かについては，議論がありうるところである。というのも，22条1項は，職業選択の自由と同時に居住・移転の自由を保障しているからである。しかし，本書では，さしあたり本章で22条と29条を取り扱うこととし，以上の疑問については本文で述べる。

　（1）　**職業選択の自由**　　22条1項は，「何人も，公共の福祉に反しない限り，居住，移転及び職業選択の自由を有する」としている。「居住，移転」については，後ほど扱うこととして，ここでは職業選択の自由について扱う。

　職業選択の自由とは，自らが就きたい職業を自ら自由に決定できるということをさす。この場合の「職業」とは，「人が自己の生計を維持するためにする継続的活動」（薬事法距離制限事件・最大判昭50・4・30民集29巻4号572頁）のことである。

　条文上は，選択することの自由とされているが，自らが選択した職業を自由に遂行できなければ，選択という行為がそもそも意味を持たなくなる。したがって，職業選択の自由は，「選択」したうえで就いた「職業」に従事して職業活動を行っていく，ということも保障されるものとされる。

選択し遂行する職業が，営利を追求するような活動である場合，「営業の自由」が問題になる。22条1項が「営業の自由」をも保障するのか，については，次のような学説の対立がある。
　1つは，「営業の自由」は「職業選択の自由」に含まれ，22条1項で憲法上保障されている，とする説で，通説的見解である。他方で，営業活動が財産権行使の側面をあわせ持つことから，22条と29条の両方によって根拠づけられているとする説があり，この説も有力である。ただし，法的効果という点では，この両説にあまり大きな差はないと考えられる。
　営業の自由が憲法上保障されているとしても，実際にはさまざまな経済的規制が存在しており，この規制の合憲性が問題となるが，一般に，経済的自由は精神的自由よりも規制が認められやすく（二重の基準論），その規制については「合理性の基準」により判断することが妥当であるとされる。「合理性の基準」とは，国民の代表である国会が規制立法の制定について行った判断に一応の合理性を認めて，その規制目的や目的達成のための手段が合理性を欠いていない限りは合憲と判断する手法である。判例もおおむねこの手法を採っており，いわゆる「小売市場事件」判決（最大判昭47・11・22刑集26巻9号586頁）において，当該規制を社会経済政策の見地からの規制と評価しつつ，「立法府がその裁量権を逸脱し，当該法的規制措置が著しく不合理であることの明白である場合に限って，これを違憲と」すべきであるとした（「明白性の原則」）。
　この「明白性の原則」は，かなりの程度で立法府の裁量的判断を認める考え方であり，違憲判断を導くのがほとんど困難なほどである。しかし，前述した「薬局距離制限事件」判決は，上述の「小売市場事件」判決が先駆けて示していた区別をふまえ，「社会政策ないしは経済政策上の積極的な目的のための措置」ではなく，「自由な職業活動が社会公共に対してもたらす弊害を防止するための消極的，警察的措置」である場合には，より緩やかな規制に拠ることが妥当であり，そのような規制で「目的を十分に達成することができない」場合に限って許可制が認められる，とした。この結果，最高裁は，薬事法の距離制限規定を違憲と判断した。
　以上のような司法の流れを，学説は，規制目的二分論として受け止めた。す

なわち，消極的・警察的目的による規制（消極目的規制）は，裁判所が当該規制の必要性および合理性とともに，当該規制よりも緩やかな手段でその規制目的が達成できないかどうかを審査する「厳格な合理性の基準」が妥当し，積極的・政策的規制（積極目的規制）については，当該規制措置が著しく不合理であることが明白な場合に限って違憲とする「明白性の原則」が妥当する，というものである。

　学説は，以上のような規制目的二分論をおおむね好意的に受け止めていると見られるが，批判も少なくない。というのも，1つの規制が必ず消極目的か積極目的かのどちらかに分類されうるとは限らないからである。公衆浴場法に関する1989年の判決（最判平元・3・7判時1308号111頁）は「環境衛生の確保」といいつつ，「公衆浴場業者の経営の安定」ともいって，消去・積極の両方の目的を認定しており，また，酒税法に基づく酒類販売規制に関する判決（最判平4・12・15民集46巻9号2829頁）は，「租税の適正かつ確実な賦課徴収を図るという国家の財政目的」が消極目的にあたるのか積極目的にあたるのかを明らかにせずに，「明白性の原則」を採用している。

　さらに，消極目的規制のほうが国民にとってより必要な規制であると考えられるのに何ゆえに積極目的規制よりも厳格に審査されねばならないのか，といった批判があるほか，最高裁のその後の対応でも，規制目的二分論をストレートに適用して判断したものがあまり見られないため，これを判例理論として位置づけることを疑問視する見解も増えている。

（2）**居住移転の自由**　22条1項は，職業選択の自由と並列して，居住移転の自由について定める。これは，封建制社会において，人がその身分に結びつけられた職業しか営むことができず，同時にその職業と居所とが結び付けられていて，移動の自由が認められなかったのに対し，資本主義社会へと転換するにあたり，これらの制約が桎梏となったために，両方の自由を同時に要求することになった，という歴史的経緯を持つからである。従来の多くの概説書は，この経緯を踏まえつつ，経済的自由の箇所で居住・移転の自由について論じてきた。しかし，そのような概説書にあっても，人身の自由とも密接に関連し，精神的自由の要素をもあわせ持っている（芦部・憲法）と指摘しており，さら

に，近年の概説書の中には，端的に人身の自由として論じるものが出てきている（渋谷・憲法，赤坂正浩『憲法講義（人権）』信山社，2011年など）。

居住・移転の自由が以上のような複合的な性格を持つならば，それに対する制約も，制約対象となる自由の性格に応じて検討されなければならない。すなわち，当該自由が経済的自由としての性格を帯びている場合と，人身の自由や精神的自由としての性格を帯びている場合とで，違憲審査基準が異なりうるのである（二重の基準論）。

したがって，22条2項で保障する外国に移住する自由も，同じ脈絡で議論しなければならないであろう。最高裁は，「帆足計事件」判決（最大判昭33・9・10民集12巻13号1969頁）で，外国に一時旅行する自由が22条2項にいう外国に移住する自由に含まれると解しつつ，「公共の福祉のために合理的な制限に服する」とだけ述べて，旅券法13条1項5号（現7号）の「著しく且つ直接に日本国の利益又は公安を害する行為を行う虞があると認めるに足りる相当の理由がある」場合の外務大臣の裁量判断を広く容認したが，少なくとも当該裁量に対する厳格なコントロールが必要であろう。なお，学説の多数は，漠然かつ不明確な基準によって規制していることから，同号自体が文面上違憲であるとしている。

（3）財産権　29条1項は，「財産権は，これを侵してはならない」と定める。しかし，同2項で「財産権の内容は，公共の福祉に適合するやうに，法律でこれを定める」として，法律による財産権の制約を許容している。これは，**講義1**で述べたような経済的権利に対する社会経済的政策上の制約を許容する趣旨であると理解されている。このような趣旨で29条により保障される財産権とは，一切の財産的価値を有する権利を意味するとされる。

29条は，以上のような財産権なる具体的な法的権利を個々人に保障するのみならず，そのような財産権の基礎をなす私有財産制度をも保障しているとするのが，通説的見解である。この私有財産制度を，憲法が制度的に保障していると理解するので，当該制度の核心部分について，法律による変更が許されない，といった理解がされる（制度的保障論）。

このように理解すると，変更が許されない制度的核心とは何か，が問題とな

ろう。この点について，従来の通説的な見解は，私有財産制度に基づく資本主義的経済体制であるとし，社会主義に移行するためには憲法改正が必要である，とするものであった。しかし，これに対して，資本主義的経済体制の保障を意味しないとし，「人間が，人間としての価値ある生活を営むうえに必要な物的手段を享有すること」であるとする説も近年有力に支持されている。

（4）**財産権の規制**　財産権の制約については，すでに述べたように，社会経済的政策に基づく制約が許容される。したがって，職業選択の自由のところで見たように，消極目的規制と積極目的規制とに区分する議論の可能性がある。しかし，最高裁は，森林法事件判決（最大判昭62・4・22民集41巻3号408頁）において，この目的二分論に基づく判断をせず，共有分割請求権を制限する規定（旧森林法186条）が，森林経営の安定をはかる当該規定の目的との関係で合理的関連性がない，として違憲と判断した。また，証券取引法事件判決（最大判平14・2・13民集56巻2号331頁）でも，目的二分論を明示的に使わずに判断した。

このことから，少なくとも財産権については最高裁は，カテゴライズされた規制目的をあてはめて判断するというよりは，規制目的の性格を検討したうえで，当該目的に照らして規制手段の必要性ないし合理性の程度を変化させている，と理解できよう。

（5）**正当な補償**　29条3項は，「私有財産は，正当な補償の下に，これを公共のために用ひることができる」と定める。これは，公共の目的を達成するために必要な場合には，私有財産を収用ないし制限しうるということと，その場合には何らかの金銭的対価を支払わねばならない，ということである。

このとき「公共のため」ということが収用ないし制限の要件となるので，何が「公共のため」にあたるのかが問題となる。以前には，道路，鉄道，学校，病院などの公共施設を建設するいわゆる公共事業のことであるとする考え方も見られたが，現在ではより広く社会公共の利益にために私有財産を収用ないし制限することが「公共のために用ひる」の意味である，とされる。

このように収用に至らない財産権の制約も「公共のために用ひる」とされるとき，そのすべての場合に損失補償が必要であるとすると，その制約が内在的

制約として当然に受忍すべき制約である場合にも補償を要することになってしまい，金銭的補償が想定されない精神的自由に対する制約との間で著しくバランスを欠くことになる。そこで，損失補償が必要なのは，その私有財産の制限が，特定の個人に対してその財産権に内在する制約を超えて，特別に犠牲を強いるものである場合（「特別の犠牲」説）であるとするのが，学説の一般的な考え方である。

そこで，「特別の犠牲」とはどのような犠牲のことをさすのか，ということが問題になる。これについて学説は，財産権に対する侵害が，特定の個人ないし集団を対象とするかということと，それが，財産権の本質的内容を侵すほどに強度なものかどうかということとの，2つの要件により判断すべきとしていたが，広く一般人に対する規制として定められていても，その実質が特定の財産の制限に至っている場合があることから，近時では後者の要件を中心に考えようとする見解が有力になっている。

なお，予防接種による後遺症など生命や身体に対する侵害の場合に，29条3項を根拠に補償請求ができるか，が問題となった（いわゆる予防接種禍訴訟）が，肯定的に考えるのが有力である。

保障が必要である場合には，その保障の程度が問題となる。「正当な補償」というときの「正当な」とはどういうことか，という問題である。これについて，最高裁は，農地改革事件（最大判昭28・12・23民集7巻13号1523頁）で，「その当時において成立することを考えられる価格に基き，合理的に算出された相当な額を言うのであって，必ずしも常にかかる価格と完全に一致することを要するものではない」としていわゆる「相当保障説」を採用したが，その後の学説・実務は，「完全保障説」を基本に考えている。

Ⅲ　展　開　　*Application*

本章での**事例**は，消費者契約法が，契約当事者が取り結ぶ契約内容に対し，

強行法規的に介入することについて，最高裁が是認したものである。従来より私法の世界では，「契約自由の原則」が妥当するとされ，それによれば契約当事者の合意によりさえすれば，原則としてどのような取引も認められることになる。冒頭の事例では，本来であれば大学に入学しそこで学生生活を送る上での対価であると考えられる授業料等について，入学しない場合でも一旦納められたものは返還しない，ということが契約の内容になっていた。「契約自由の原則」を形式的に理解すれば，「返還しない」という契約である以上，返す必要はない。最高裁の判断は，ここに一定の修正をかけるものだといえる。

講義の冒頭でもみたように，これまでも「契約自由の原則」にはさまざまな修正がかけられてきた。資本主義的経済社会における無産者のおかれた経済的立場を考慮すれば，経済のフィールドにおける自由に一定の介入が必要であると考えられてきたのである。このように「契約自由の原則」に対する修正は，さまざまな社会政策の実現によってもたらされた。

1 消費者契約法の趣旨

消費者契約法は，1条で「消費者の利益の擁護を図り，もって国民生活の安定向上と国民経済の健全な発展に寄与することを目的とする」としており，その前提とする事実認識は，「消費者と事業者との間の情報の質及び量並びに交渉力の格差」が存在するということである。

このような格差の是正も，直観的には社会国家的な規制であるように思われるが，はたしてそうであろうか。日本国憲法には，当事者間の格差を是正し，その対等性を図る規定が存在する。例えば，刑事事件における弁護人依頼権がそうである（第7章参照）。弁護人依頼権が保障される意義は，追及する立場に立つ検察官や警察官と，防御する立場に立つ被疑者や被告人との対等性を保障することだとされる。すなわち，その道のプロである検察官や警察官に比べて，被疑者や被告人は自らを防御するための知識や情報について圧倒的に不足するばかりか，身体を拘束されているために十分な防御活動も困難であるからである。このような追及者と被追及者の対等性の保障について，社会国家理念で説明することはできない。被告人としての自由な防御権行使が問題となって

いる場面だからである。

　翻って，消費者契約法が目標とする消費者と事業者との対等性も，両当事者が自由な契約当事者として立ち現れるためにどうしても必要な前提であるとも考えられる。とすると，これは社会的政策による介入とはいえなくなる。独占禁止法が，必ずしも社会的政策ではない（「営業の自由」論争はこのことを浮き彫りにした）ことと同視できよう。むしろ，財産権の正当な行使の前提と考えるべきではないだろうか。

　契約当事者の対等性の確保が財産権の正当な行使の前提だとするなら，そもそも財産権という権利の行使態様のなかにすでにこのことが含みこまれているということになる。

2　経済的権利と，精神的自由・人身の自由との相違

　権利を行使する際に，行使の相手方が具体的に存在し，互いに同じ権利を行使し合う関係は，経済的権利に特徴的である。精神的自由や人身の自由では，このような特徴を持たない。経済的権利を行使する場面では，ある物に対する支配を始原的に獲得する（現代社会でこのようなことが可能なのは，知的財産のみであろう。しかし，知的財産権自体，法律によって初めて設定された権利である）のでない限り，必ず相対立する具体的な当事者が存在するのである。したがって，その権利行使は一者が単純に国家と相対して国家による介入を排除しているのではなく，利害が対立する二者がまず相対しているのである。経済的自由とは，このような利害が対立する二者がさらに国家と相対しているときに彼らが自由である，という意味になる。

　こう考えれば，経済的権利を経済的自由と読み替えたとしても，精神的自由や人身の自由と全く同質のものだと考えることはできない。以上のような性質を無視した国家からの自由としての経済的自由とは，歴史的に（近代以前から）さまざまな当事者に蓄積されてきた財産と，歴史的に（近代以前から）形成されてきた経済的秩序とを容認するものになろう。というのも，互いに相対する二者が対等であることを必ずしも追求しないのなら，近代以前と以後で違いはないからである。結局，これは近代以前に獲得したものの既得権を認めている

にすぎないのではないか。

　しかし，経済的秩序は，すぐれて国家のあり方の問題でもある。この点，現代の経済的秩序，ひいては経済的権利に関する考え方について，国家のあり方を踏まえた議論が必要なのではないか。このような観点を踏まえた制度的保障論の読み直し（中島茂樹「憲法を規準にした財産権の内容形成」立命館法学287号（2003年）73頁以下）が求められる。

〔参考文献〕
大村敦志『消費者法〔第4版〕』（有斐閣，2011年）
中島徹『財産権の領分』（日本評論社，2007年）
岡田与好『経済的自由主義』（東京大学出版会，1987年）

【多田一路】

第6章 社会権

人間らしく生きるために

I　事　例　　　　　　　　　　　　　　*Starting Point*

　生活保護の受給者はこの10年，増え続けており，2011年3月には200万人を超え戦後の混乱期に並んだ。国と自治体の負担は2010年度で3兆円強になっている。また，一部自治体で最低賃金が生活保護の支給額を下回る状態が続いていることも指摘されている。さらに，近年，増えているのが仕事さえあれば働ける人たちだとも言われる。

　そうした中，2010年10月に指定都市市長会は，「生活保護制度の抜本的改革の提案」を発表した。そこでは，生活保護制度は，創設以来抜本的な改革が行われておらず，制度疲労を起こしているとして，生活保護に優先する制度として「雇用・労働施策」を位置づけること，生活保護受給者のうち，稼働可能層については，期間を設定した「集中的かつ強力な就労支援」を行うこと，特に，自立支援の期間は1年をひとつの目安とすること，生活保護から就労自立できない場合，生活保護法26条（保護の停止及び廃止）の適用については，例えば3年あるいは5年といった一定期間ごとに改めて判断すること，生活保護の適正化，生活保護費の全額国庫負担などが内容となっている。

　労働できる人が，仕事を見つけられなくて生活保護を受けざるをえないことが多くなってきているとすれば，上述の提案は，憲法の社会権の保障からしてどのように評価できるだろうか。

II 講義 *Knowledge*

　社会権は，人間らしい生活を営むための自由を前提として，その実質化のために，主として国家の積極的な行動を求めることができる権利である。25条の生存権，26条の教育を受ける権利，27条の労働権，28条の労働基本権がこれに含まれる。これらのうち，25条が社会権の総則的な規定とされ，人間らしい生活のために特に重要といえる，教育，労働に関する権利の規定が，26条と27・28条におかれている。

1　生存権
（1）　**生存権とは**　　憲法25条1項は，「すべて国民は，健康で文化的な最低限度の生活を営む権利を有する」とし，これが生存権とよばれる権利である。この生存権は，国民には生きる自由がありそれを国家によって妨害されないということを超えて，国民は，人間らしく生きていくために必要な諸条件を確保するよう国家に請求することができる権利である。この生存権は，一般に社会権の中でも最も基本的な権利であるとされる。生存権をはじめて憲法の中に規定したものとして，ドイツのワイマール憲法（1919年）が有名であるが，そこでは，「経済生活の秩序は，各人に，人たるに値する生活を保障する目的をもつ正義の原則に適合するものでなければならない」（151条1項）と規定されており，権利の形で明記されていたわけではなかった。

（2）　**生存権の法的性質**　　それに対して，日本国憲法においては権利として明記されているが，この生存権の法的性質については，大きく分けると，プログラム規定説と法的権利説とがある。

　まず，プログラム規定説とは，25条は，国家の政治的・道徳的目標（いわゆるプログラム）を宣言したもので，個々の国民に法的な請求権を保障したものではないとする見解である。これに対し，法的権利説は，このプログラム規定

説を批判して、25条は、国民の権利を保障し、国家に対して法的義務を定めたものであると解するものであるが、さらに2つに分かれる。1つは、この権利の具体的・一般的実現には法律の制定が必要であり、したがって生存権は抽象的権利であるとする考え方（抽象的権利説）であり、もう1つは、国が25条を具体化する法律を制定しない場合には、その法律を制定しないことが憲法違反であることを確認する訴訟を提起できるとする考え方で、具体的権利説と呼ばれるものである。

権利として憲法に保障されている以上、プログラム規定説がいうように国家の努力目標にすぎず政治的な意味しかないというのは、説得力に欠ける。その点、抽象的権利説は権利であることは認めるが、それを具体化する法律ができなければ、国民は何も請求できないという点では、プログラム規定説と変わらない。しかし、生活保護法などの法律が存在している状況のもとでは、法律の規定をきっかけとして、その法律が生存権の実現のために不十分かどうかを裁判で争うことができることになる。これまでの具体的権利説は、すでにみたように、法律をつくらないことが憲法違反であるということを裁判所が確認できるというにとどまるが、最近では、最低限度に満たない生活水準であることが立証できれば、裁判所が25条だけを根拠に金銭の給付を命じることができるとする「言葉どおりの具体的権利説」も主張されている。

また、近年の学説では、国家は生存権を具体化すべき明確な法的義務を負っており、一旦具体化された給付とその水準を正当な理由なく廃止・後退させる場合は、25条1項違反となることを認める見解が多くなっているといえよう。なお、最近では、社会保障の根拠を憲法25条ではなく、憲法13条に求める見解、あるいは憲法13条と25条を結びつけて考える見解が出されている。

（3）**判例の立場**　最高裁判所は、1956年当時の1カ月600円の生活保護費が憲法25条に違反しないかが争われた朝日訴訟（最大判昭42・5・24民集21巻5号1043頁）においては、生活保護受給者が国から生活保護を受けるのは、単なる国の恩恵ないし社会政策に伴う反射的利益ではなく、法的権利であって、保護受給権とも称すべきものと述べ、法的権利であることは明言したが、25条1項の規定は、国の責務として宣言したにとどまり、直接個々の国民に対して具

体的権利を賦与したものではなく，具体的権利としては，憲法の規定の趣旨を実現するために制定された生活保護法によって，はじめて与えられているとした。さらに「健康で文化的な最低限度の生活」は抽象的な相対的概念であって，その判断は厚生大臣（当時）の裁量にまかされているが，著しく低い基準であれば，司法審査の対象になるとも述べている。しかし，学説からは，最低限度の生活水準は，ある時点では，ある程度客観的に決定できるものであり，担当の大臣の基準設定が違憲・違法となる場合を，その基準が著しく低い場合に限定することに対して，批判がなされている。なお，この裁判は「人間裁判」ともいわれ，朝日訴訟の第１審判決後，生活保護費は大幅に増額された。

また，児童扶養手当と障害福祉年金とを同時に受け取ることを法律で禁止することの合憲性が争われた堀木訴訟において，最高裁は，司法審査の限界を示すものとして立法裁量，つまり，国会が法律の内容をどうするかについての判断の余地を中心的な問題とし，生存権を法律で具体化する場合には，複雑多様で高度な専門技術的判断が必要とされることから，それを広く認める立場を示している（最大判昭57・7・7民集36巻7号1235頁）。この判決に対しても，学説からは，裁量を広く認めすぎているのではないかという批判がある。ただ，これらの最高裁の判決によれば，生存権侵害を裁判で争う道が閉ざされているわけではないとはいえよう。

2　教育を受ける権利

（1）**憲法26条1項**　憲法26条1項は，「すべて国民は，法律の定めるところにより，その能力に応じて，ひとしく教育を受ける権利を有する」として，国民の教育を受ける権利を保障している。さらに，同条2項では，「すべて国民は，法律の定めるところにより，その保護する子女に普通教育を受けさせる義務を負ふ。義務教育は，これを無償とする」として，特に，子どもについては，子どもの教育を受ける権利に対応させて親に対して義務を課し，また，義務教育については，経済的理由によって，受けられないことがないように，無償とすることとしたものである。

（2）**公教育の成立と学習権**　教育は，人間が人間らしく生きていくために

必要なものであって，主体的に学ぶということが不可欠ではあるが，基本的には，先の世代の者が，後から生まれてきた者に教えるという要素が強いものである。歴史的には，子どもの教育は，親の権利であり，義務でもあり，教育は家庭内における私的なものとして存在した。しかし，工業化が進み，国民どうしの交流・移動がさかんになると，市民として，また，労働者として一定水準の知識をもつことが必要と考えられるようになり，国家も教育に関与することになり，公立学校の設置をはじめとして公教育が成立したのである。しかし，すべての教育が公教育でまかなわれることはできず，親の教育と公教育とがともに必要であることになる。

このような歴史を背景として，現在では，教育を受ける権利は，こどもの学習権を保障するものとして把握されている。ここで問題となるのは，その学習の内容を決定する権限を誰がもつかである。前述のように，教育は，知識のある者が知識のない者に教えるという構造をもち，特に，子どもの場合には，その内容について批判する能力をもっていないのが通常であり，教育の内容を誰かが決めざるをえないが，教育の内容は，戦前・戦中の日本の軍国主義教育をみればわかるように，子どもに大きな影響を与えるものである。憲法26条1項は，「法律の定めるところにより」としているように，教育制度をどうするかはさまざまな可能性があるので，その枠組み・内容は，国民の代表である国会が制定する法律で決めざるをえない。実際，教育基本法や学校教育法など，さまざまな法律が制定されている。さらに，文部科学省は，学習指導要領を作成し，教科の内容，教科の目標などを定めている。しかし，学校では，教員が目の前にいる生徒に対して，その生徒の理解度などをみつつ授業をする必要があり，教員に委ねられている部分も大きいといわなければならない。

(3) **教育権の所在**　そこで，この教育（学習）内容の決定権が，国家にある（国家の教育権説）のか，親・教師などを含む国民にある（国民の教育権説）のかが争われてきた。国家の教育権説は，教育も1つの国の政策である以上，国会が法律によって教育内容・方法を決定すべきことになり，教育に精通した文部科学省が法律の委任を受けて，特に，学習指導要領によって教育内容を定め，この学習指導要領は，学校と教師を拘束するとする主張である。一方，国

民の教育権説は，親の教育の自由を尊重することから出発し，親と国民全体の信託を受けた教育の専門家である教師を中心とする国民全体が，具体的な教育内容・方法を決定し，国の役割は教育の条件整備にとどまると主張する。最高裁は，全国一斉の学力テストの実施が，教育への国家介入を強めるものだとして，その実施を阻止しようとした教師が公務執行妨害罪等で起訴された事件にかかわる判決（旭川学テ事件・最大判昭51・5・21刑集30巻5号615頁）において，どちらの見解も極端かつ一方的であり，親の教育の自由は，主として家庭教育等学校外における教育や学校選択の自由にあらわれるものと考えられるし，私学教育における自由や教師の教授の自由も，それぞれ限られた一定の範囲において肯定されるとした上で，それ以外の領域においては，一般に社会公共的な問題について国民全体の意思を組織的に決定，実現すべき立場にある国は，国政の一部として広く適切な教育政策を樹立，実施すべく，また，しうる者として，憲法上は，あるいは子ども自身の利益の擁護のため，あるいは子どもの成長に対する社会公共の利益と関心にこたえるため，必要かつ相当と認められる範囲において，教育内容についてもこれを決定する権能を有するものと解さざるをえないと判示した。このように，教育に関する権限は，親・教師・私立学校・国と，子どもの教育に関係する者それぞれが分担しているとしたこと自体は，妥当であると考えられるが，結論として国の広い裁量を認めたことには学説上批判が多い。

3 労働権

憲法27条は，1項で「すべて国民は，勤労の権利を有し」と労働権を保障し，また2項で，「賃金，就業規則，休息その他の勤労条件に関する基準は，法律でこれを定める」と労働条件が法定されなければならないことを規定している。これらは，憲法25条の生存権の保障を基礎とし，労働者が人間らしい生活ができることを可能とするためのものである。これらを具体化するための法律が制定されており，27条1項を具体化するものとして，雇用対策法や雇用保険法などの雇用保障法が，2項を具体化するものとして労働基準法などの労働者保護法があげられる。

もともと労働権は，国民が自ら労働して得られる賃金によって生活することを前提とし，仕事に就けない場合に仕事を国家に対して請求する権利として主張された。しかし，現実には国家が各人に応じた仕事を付与することは困難であり，現在では，国家に雇用を確保する政策をとること，失業した場合に一定の金銭給付をすることなどを義務づけるものと一般に理解されているが，公正な採用，解雇制限，良好な職場環境の保持を求める根拠ともなると考えられる。しかし，失業率は高く，リストラ，採用時の差別，セクハラを受けたことにより職業継続ができないことなどがみられる。また，労働者保護法の規制が緩和されてきているが，その必要があるか，また，その憲法上の限界が問題であろう。

4　労働基本権

（1）憲法28条の保障　　憲法28条は，「勤労者の団結する権利及び団体交渉その他の団体行動をする権利は，これを保障する」とし，労働基本権を保障している。つまり，労働者には，労働条件を維持・改善し，人間らしい生活をするために，労働組合を結成すること，労働組合に加入して活動すること，使用者と交渉し労働協約を締結すること，ストライキをはじめとする争議行為をすることが憲法上保障されているのである。この労働基本権は，一般には社会権に分類されるが，団結・団体交渉・団体行動をする自由が基本にあることが，近年，学説では強調されている。また，労働基本権は当初から対抗者として使用者を予定していることから，これらの権利は，国家に対してだけではなく，私人である使用者との関係においても認められる点に特色をもつ。したがって，私人間において直接的効力をもつ人権の1つである。

　これらの労働基本権が保障されている効果として，労働基本権を制限するような立法その他の国家行為が国に対して禁止される。次に，労働基本権が正当に行使される場合には，損害賠償をはじめとする民事責任が問われないこと（民事免責）と刑事上の責任も問われないこと（刑事免責）が生じる。前者は，労働組合法8条に，後者は同法1条2項に定められ，確認されている。民事免責とは，例えば，ストライキは，労働契約上仕事をする義務があるのに，集団

で仕事をしないのであるから，民法上は，契約不履行や使用者に与えた損害の賠償の責任が生じることになるが，その責任を労働組合やストライキに参加した労働者が負わなければならないことになると，ストライキができないか，ストライキをするのがきわめて限定されることになるので，民法の原則が修正され，それらの責任が免除されることである。また，刑事免責があることによって，労働基本権の正当な行使に対しては，脅迫罪や威力業務妨害罪といった刑罰を国家は科すことができないことになる。さらに，国に対して労働者の労働基本権を保障する措置を実施すべき義務を負わせ，実際に，労働基本権を侵害する使用者の一定の行為が不当労働行為として禁止されている（労働組合法7条）。例えば，組合員であることを理由に不利益に扱ったり，団体交渉を正当な理由なく拒むことなどが，使用者には禁じられる。

　（2）　組織強制と争議行為の正当性　　まず，団結権について問題となるのは，組織強制といわれるショップ制であり，例えばユニオン・ショップ制，つまり組合員でなければ従業員たりえないという労使間の協定の合憲性である。このユニオン・ショップ制は，組合を強化する役目を果たし，憲法28条は，結社の自由を保障する憲法21条とは異なり，組織強制を認めるものであるとして，憲法上問題がないとする見解が支配的であるが，団結権には消極的団結権，つまり組合に入らない自由も含まれ，このユニオン・ショップ制は憲法違反と評価する見解が有力になってきている。

　さらに，団体行動をする権利をめぐっては，その中心的なものであるストライキ権について，その正当性の判断をめぐって，目的に関しては，これまで，要求の相手方が使用者ではなく政府である政治スト，他企業での労働争議を支援するための同情ストなど，また，手段については，ピケッティングや生産管理などの正当性が争われてきたが，判例はその正当性判断に際して厳しい態度をとっている。

　（3）　公務員の労働基本権　　憲法28条にいう勤労者とは，働いてその収入で生活をしている人のことであるから公務員も含まれることは，最高裁も認めている。しかし，現在，公務員の労働基本権は法律で次のように大幅に制限されている。まず，警察職員・海上保安庁職員・消防職員・監獄職員・自衛隊員に

ついては，すべての労働基本権が否認されている。次に，特定独立行政法人・国有林野事業の職員及び地方公共団体が経営する企業の職員は，争議権が否定され，それ以外の公務員は団体交渉権が制限され（労働協約締結権がない），争議権も否定されている。つまり，すべての公務員は争議権が否認されており，これが28条に違反するのではないかが最も争われてきた点である。

　この問題に関する最高裁の立場は，全農林警職法事件判決（最大判昭48・4・25刑集27巻4号547頁）で示されている。この全農林警職法事件とは，1958年に警察官職務執行法（警職法）改正案が衆議院に提出され，全国民的な反対運動が起こる中で，農林省（当時）の職員で構成される全農林労組も反対行動に参加することになり，組合幹部が勤務時間中の職場大会への参加をよびかけたことが，国家公務員法違反として起訴された事件である。本判決は，国家公務員法によるストライキ権の剥奪は，つぎのような理由で憲法28条に反しないとした。第1に，公務員の地位の特殊性と職務の公共性からすると，公務員の争議行為は，国民全体の共同利益に重大な影響を及ぼすか，その虞れがあること（国民全体の利益論），第2に，公務員の勤務条件の決定は私企業とは異なり，法律によって定められること（議会制民主主義論，勤務条件法定主義），第3に，公務員の場合は争議行為に対する市場の抑制力など歯止めがないこと（「歯止め」欠如論），第4に，公務員は争議行為の制約に見合う代償措置による保障を受け，例えば人事院勧告の制度があること（代償措置論），である。しかし，学説からは批判が強く，つまり，公務員の地位の特殊性と職務の公共性からなぜ全面禁止が導かれるか不明であり，制限が必要だとしても必要最小限度の範囲にとどめられなければならないのではないか，公務員といっても職務内容はさまざまであり，また，公務員の勤務関係については大綱的基準のみが法律で決められるのであって，細目の決定については団体交渉や争議行為の余地があるのではないか，歯止めとしては世論などが考えられる，さらに，代償措置はあくまで代償にすぎない，といった批判があるのである。なお，地方公務員についても，最高裁は同様の判断を示している（岩教組学テ事件・最大判昭51・5・21刑集30巻5号1178頁），全逓名古屋中郵判決・最大判昭52・5・4刑集31巻3号182頁）。最近では，消防団員の団結権を認めようとする議論があり，また，2011年6月

には国家公務員に労働協約締結権を認めようとする法案が提出されたが，公務員の労働基本権を全面的に復活させるものではない。

III 展開　　　　　　　　　　　　　　　　　*Application*

　事例の提案では，生活保護の見直しの一環として，仕事さえあれば働ける人が増えているとして，就労支援をして自立を促すことが必要だとしている。就労支援自体は必要なことだが，本来は，労働者が生活保護を受けることのないようにすることがまず追求されるべきだと思われる。

　このことは，社会権の構造をどのように理解するかにも関わってくる。そこで，まず，25条の保障する生存権と27条の保障する労働権とをどのような関係にあるものととらえるかが問題となる。

　これまで，日本の学説においては，生存権は他の社会権を生起せしめる母体であるとされることが多い。しかし，これらの権利の保障内容からすると，労働権の保障が生存権の保障を超える。というのは，労働というものは，たしかに生活費を得るという経済的な意味での生存を確保する意味があるが，それに尽きるのではなく，社会生活へ生産的に参加する側面をも有し，人格の発展にとって重要な意味を有するからである。また，実現の手段に関しても相違が存在し，生存権は金銭レベルの給付で実現されうるが，労働権の場合は提供されるべきものは労働の場であり，できるだけ本人にふさわしいものであることが必要である。さらに，労働権の権利主体は，働く能力のある人間であり，生存権は労働できない人にふさわしいともいえる。したがって，ドイツでは，今日においては，労働権が一次的で，生存権が二次的なものとみなすことができる，というのは，国家が経済過程に規制的に介入しても，必ずしもすべての個人に労働の場が保障されうるわけではないので，労働権は生存権による補完を必要とするという見解が出されている。また，労働権が社会権の原型である，あるいは典型ないしは中心であるという学説もあり，労働権は，社会が，労働

を通じてないしは労働において自己実現を達成する可能性をすべての人に保障しなければならないという意味において社会国家の指導原則であるという見解もある。したがって，少なくとも，労働能力のある人にとっては，労働権の保障が生存権の保障に優先しうるものであるといえる。このことからすれば，まず，労働権の保障が追求され，それで十分な保障がなされないことが判明した段階で，生存権の保障の問題を考えていくことになる（なお，奥平康弘は，労働権は，労働能力のある者にとっての生存権にほかならないとし，労働権と生存権の同似的性格を指摘している（奥平・憲法263頁以下））。

　そうだとすると，労働権を保障するためには，労働の機会の確保が求められ，そのためには，採用数の拡大と，雇用の維持，すなわち就労者が仕事を失わないように，つまり，解雇されないようにすることが求められる。さらに，そこでの労働は，安定したものであることが必要であり，有期雇用などの不安定雇用を減らすことが求められ，さらに，人間らしい労働（ディーセント・ワーク）でなければならない。これらは，憲法27条の保障内容と考えられるもので，それを豊富化することが必要であろう。なお，憲法28条の労働基本権は，就労している労働者の人間らしい労働のために大きな役割を果たす点において重要であることには変わりはない。また，上述のとおり，生活保護の重要性は減じるわけではなく，現在，提案されているような，生活保護の受給期間の有期化を，労働権の保障の強調が，正当化するものではないといえよう。

〔参考文献〕
西谷敏『人権としてのディーセント・ワーク』（旬報社，2011年）
和田肇『人権保障と労働法』（日本評論社，2008年）
倉田原志「ドイツにおける労働権論(一)」法学論叢133巻4号（1993年）48頁

【倉田原志】

第7章 人身の自由

刑事手続においていかに身を守るか

I 事　　例　　　　　　　　　　Starting Point

　1999年にいわゆる通信傍受法（犯罪捜査のための通信傍受に関する法律）が制定された（国会での審議過程においては、マスコミで盗聴法案と名付けられ、政府がそう呼ばないようにと申し入れた）。この法律は、「組織的な犯罪が平穏かつ健全な社会生活を著しく害していることにかんがみ」、「重大犯罪において、犯人間の相互連絡等に用いられる電話その他の電気通信の傍受を行わなければ事案の真相を解明することが著しく困難な場合が増加する状況にあることを踏まえ、これに適切に対処するために」（1条）制定されたものである。この法律が対象とする重大犯罪は、薬物関連犯罪、銃器関連犯罪、集団密航に関連する犯罪、組織的な殺人犯罪の4類型である。これらの犯罪に関する通信実行の嫌疑があり、他の方法では犯人の特定、犯行の状況、内容を明らかにすることが著しく困難であるときは、裁判官の発する傍受令状により、犯罪関連通信の傍受を可能とする（3条）。傍受令状を請求できる者は、検察官・警視以上の警察官であり（4条）、傍受令状は地方裁判所の裁判官が発布する。傍受できる期間は10日間であるが（5条）、最大30日間まで延長できる（7条）。通信の傍受にあたっては、令状の提示、立会人の常時立会い、別件傍受の限定、傍受した全通信の記録などがなされ、傍受された当事者には事後に通知がされる等のことを定める。傍受対象となる通信には、固定電話、携帯電話、ファクシミリ、コン

ピューター通信等が含まれる。

この犯罪捜査のための電話などの通信傍受（盗聴）は，憲法上許されるだろうか。

II 講義　　　　　　　　　　　　　　　*Knowledge*

人身の自由は身体の自由ともいわれ，不当に身体の拘束を受けない自由をさす。この保障は，奴隷的拘束・意に反する苦役からの自由を保障する憲法18条と憲法31条以下で保障されている。特に31条は適正手続（デュー・プロセス）を国家に要求している。これらは，特に，捜査からはじまる刑事手続においては，警察権の行使が人権の保障とはげしく衝突する可能性があり，実際にもこれまで人権侵害がはなはだしかったという歴史に鑑み，また，刑罰は人の自由に重大な制限を加えるものであるから，内容と科刑の手続の慎重さと公正さを確保するために保障されているものである。日本国憲法においては，大日本帝国憲法下の特別高等警察などによる人権侵害の経験に照らし，諸外国の憲法に例をみないほど詳細な規定がおかれている。

1　基本原則

（1）　**奴隷的拘束からの自由（18条）**　　憲法18条は，「何人も，いかなる奴隷的拘束も受けない。又，犯罪に因る処罰の場合を除いては，その意に反する苦役に服させられない」と定め，奴隷的拘束からの自由を保障する。ここで奴隷的拘束とは，自由意思にもとづく行動が封殺されている状態を意味する。また，苦役は原則として科されないが，適正な手続の結果としての処罰の場合は別だとしている。なお，この規定は，国家に対する義務づけだけではなく，私人間においても効力を有すると一般に解されている。

（2）　**適正手続（31条）**　　憲法31条は，「何人も，法律の定める手続によらなければ，その生命若しくは自由を奪はれ，又はその他の刑罰を科せられない」

と定める。この規定は，人身の自由に関する総則的な規定とされ，刑事手続の原則を示すものである。

　文言からすると，この規定は，①刑罰を科すためには法律で手続が定められていなければならないことだけを要求するが，それだけに尽きるのかが議論されてきた。つまり，さらに，②法律で定められた手続が適正であること，③手続だけでなく刑罰の内容である実体も法律で定められる必要があること（罪刑法定主義），④刑罰の内容を定める実体規定も適正でなければならないことのうち，どこまでが要求されるのか議論があるのである。①，②，③までだとする見解も有力であるが，通説は，人権の手続的保障の強化の観点から，この4つのすべてがこの規定によって要求されていると解している。

（3）　**告知と聴聞**　　この手続が適正であることの中心的な要求は，国家から国民が不利益な扱いを受けるときには，その不利益扱いが事前に知らされ（告知），その原因となった行為について弁解と防禦の機会を与えられること（聴聞）である。最高裁は，第三者所有物没収事件（最大判昭37・11・28刑集16巻11号1593頁）において，貨物の密輸を企て有罪判決を受け，さらに貨物の没収判決を受けたが，その貨物には被告人以外の第三者の所有物がまじっていたため，所有者たるその第三者に告知と防禦の機会を与えることなく没収することは違憲であるとして，告知と聴聞が刑事手続における適正さの内容をなすことを認めている。

2　捜査手続と被疑者の権利

（1）　**逮捕手続（33条）**　　憲法33条は，「何人も，現行犯として逮捕される場合を除いては，権限を有する司法官憲が発し，且つ理由となつてゐる犯罪を明示する令状によらなければ，逮捕されない」と定める。逮捕は，身柄の拘束をともない，また，社会的にも一定の評価を受けるものであるので，不当な逮捕がされないようにするための規定である。ここに司法官憲とは裁判官のことであり，警察が事前に公正中立の立場の裁判官の逮捕令状を請求し，これを裁判官が審査の上，逮捕令状を発布するという方式で裁判官によるコントロールを定める。この原則は令状主義と呼ばれている。

ただ，憲法33条では，「現行犯として逮捕される場合を除いては」とされ，現行犯の場合には，逮捕令状は必要とされない。現行犯とは，犯罪が目前で行われている，あるいは，犯行の直後のことであり，この場合には，犯人として誤って逮捕される可能性がきわめて少ないからである。

この令状主義との関係で，刑事訴訟法210条が定める緊急逮捕が問題とされている。同条によれば，この緊急逮捕は，一定の重大な犯罪で，急速を要し，逮捕状を請求する時間がない場合について許されるが，最高裁は，厳格な制約の下に，罪状の重い一定の犯罪のみについて，緊急已むを得ない場合に限るものであることを指摘して，この緊急逮捕は違憲とはいえないとしている（最大判昭30・12・14刑集9巻13号2760頁）。

（2）抑留・拘禁手続（34条） 憲法34条は，「何人も，理由を直ちに告げられ，且つ，直ちに弁護人に依頼する権利を与へられなければ，抑留又は拘禁されない。又，何人も，正当な理由がなければ，拘禁されず，要求があれば，その理由は，直ちに本人及びその弁護人の出席する公開の法廷で示されなければならない」とする。身体の拘束のうち，一時的なものが抑留，より継続的なものが拘禁である。いずれも拘置所等に，逃亡と証拠の隠滅を防止するために，身柄が拘束されることである。

まず，被疑者の弁護人依頼権が保障されるが，後述する被告人の場合と異なり，被疑者が依頼しない場合に，一定の場合以外は，国家が弁護士を選定してくれるわけではない。勾留期間は，最大23日間にも及ぶ可能性があり，被疑者にとっても弁護人は必要と考えられ，各地の弁護士会は，当番弁護士制度を運用している。被疑者の取り調べに，弁護士が立ち会うことは，日本では認められておらず，面会（接見交通）をすることにとどまる。ただ，この被疑者と弁護人の面会でさえ，取り調べを理由に，警察が認めないことが多く，接見交通権が大幅に制限されてきたとされ，問題となってきた。

さらに，被疑者の勾留の場所は，原則として法務省の管轄の刑事施設（拘置所）であるが，拘置所の数が足らないことから，警察署の中の留置場に勾留することが認められてきた（代用監獄）。このことで，夜中でも捜査機関が自由に被疑者を取り調べることが可能となり，自白の誘導・強要がなされやすく，

「えん罪の温床」として，国際的に有名なものであった。現在の刑事収容施設法は，起訴前に限り警察署に付属する留置施設（代用刑事施設）に勾留することを認めており，これは代用監獄を恒常化するものであり，違憲であるという指摘がみられる（渋谷・憲法221頁）。

（3）　住居等の不可侵（35条）　憲法35条は，1項で，「何人も，その住居，書類及び所持品について，侵入，捜索及び押収を受けることのない権利は，第33条の場合を除いては，正当な理由に基いて発せられ，且つ捜索する場所及び押収する物を明示する令状がなければ，侵されない」とし，2項で，「捜索又は押収は，権限を有する司法官憲が発する各別の令状により，これを行ふ」とする。住居は各人の城といわれ，人の私生活の中心であり，また，書類や所持品も財産であるから，不当な侵害からの保護を規定したものである。

35条1項は，憲法33条の場合，すなわち逮捕令状にもとづいて逮捕される場合と現行犯逮捕の場合を除いては，侵入，捜索，押収のためには，場所と押収物が特定された捜索令状や押収令状を要求している。35条2項は，捜索・押収について，司法官憲，すなわち，裁判官が発する個別の令状が必要であるとしている。つまり，捜索・押収についても令状主義が採用されているのである。

3　被告人の権利

以上は，起訴されるまでの被疑者の権利であったが，起訴されて以降の被告人の権利は，憲法上どのように保障されているのであろうか。

（1）　公平な裁判所の迅速な公開裁判を受ける権利（37条1項）　憲法32条は，「何人も，裁判所において裁判を受ける権利を奪はれない」として，裁判を受ける権利を保障するが，刑事事件については，憲法37条1項がさらに，「すべて刑事事件においては，被告人は，公平な裁判所の迅速な公開裁判を受ける権利を有する」と定める。この規定については，公平な裁判所とは何か，迅速な裁判とは何か，また，公開裁判とは何かが議論されてきた。

まず，公平な裁判所とは，偏見のおそれのない裁判官から構成されていることであり，このことを最高裁は，「構成其他において偏頗の惧れなき裁判所」と表現している（最大判昭23・5・5刑集2巻5号447頁）。

次に，迅速な裁判は，判決が出るまでにあまりに長期間かかると，それは裁判の拒否に等しいことになるので要求されている。高田事件（最大判昭47・12・20刑集26巻10号631頁）では，15年にわたり審理が中断された事例であるが，最高裁は，迅速な裁判とはいえないとして，手続を打ち切った。

第3の，公開裁判とは，その対審および判決が公開の法廷で行われることを言い，裁判が傍聴人により傍聴されることが可能になっていることであり，国民が刑事裁判を監視することができるようにという趣旨のものである。

なお，2009年から，刑事裁判への国民参加を保障するために，裁判員制度が実施されている。これは，3名の裁判官と国民から無作為に選ばれた6名の裁判員が，刑事裁判の第1審判決についてのみ，共同で有罪決定と量刑を行う制度である。裁判員には守秘義務が課される点や，死刑反対論者でも死刑判決に関与しなければならなくなる場合がある点などから，憲法違反ではないかという見解もある。

(2) 証人審問権・喚問権（37条2項）　憲法37条2項は，「刑事被告人は，すべての証人に対して審問する機会を充分に与へられ，又，公費で自己のために強制的手続により証人を求める権利を有する」とし，証人の審問権と喚問権を保障している。これは，証人の証言が重要であることから，証人の証言に対して審問することによって，真実を明らかにし，防禦の機会を確保するためであり，被告人に審問の機会が十分に与えられない証人の証言には証拠能力が認められないという趣旨である。また，経済的な理由から証人を審問できないことがないように，公費での喚問権を認めたものである。

(3) 弁護人依頼権（37条3項）　憲法37条3項は，「刑事被告人は，いかなる場合にも，資格を有する弁護人を依頼することができる。被告人が自らこれを依頼することができないときは，国でこれを附する」と定め，弁護人依頼権を保障し，経済的な理由から自ら依頼することができない場合には，国選弁護人を国がつけ，刑事裁判において，専門的法知識をもつ弁護人の援助によって被告人の不利益を最小限にとどめようとするものである。

(4) 不利益供述強要の禁止・自白の証拠能力（38条）　従来，「自白は証拠の女王」と呼ばれ，どの国でも，捜査機関は，自白をとることを重視し，必要で

あれば，自白をとるために拷問などがされてきたとされ，日本国憲法では以下のような，自白に関する定めをおいている。

まず，憲法38条1項は，「何人も，自己に不利益な供述を強要されない」とし，不利益供述強要の禁止を定める。なお，刑事訴訟法は，いわゆる黙秘権（すべての供述を拒否しうる権利）を保障している。したがって，供述を拒否しても，そのこと自体から不利益に扱われないことも生じる。

この不利益供述強要の禁止をめぐっては，たとえば，道路交通法上，交通事故をおこした場合の報告義務が定められていることなどが問題とされてきたが，最高裁は，この報告を要求される内容には，刑事責任を問われる虞のある事故の原因その他の事項は含まれていないとして，憲法には反しないとしている（最大判昭37・5・2刑集16巻5号495頁）。

さらに，憲法38条2項は，「強制，拷問若しくは脅迫による自白又は不当に長く抑留若しくは拘禁された後の自白は，これを証拠とすることができない」と定める。これは，自白排除法則と呼ばれ，自白があっても，その自白が強制・拷問・脅迫によるもの，あるいは，不当に長く拘禁された後のものであれば，証拠能力がないとすることにより，捜査機関が不当な方法で自白をとることを抑制するものである。

また，3項は，「何人も，自己に不利益な唯一の証拠が本人の自白である場合には，有罪とされ，又は刑罰を科せられない」と定め，これは，自白補強法則と呼ばれる。この規定によれば，任意性のある自白でも，自白だけでは有罪とされることはなく，捜査機関は，自白以外の証拠を集めなければならないこととなる。

（5）事後法と「二重の危険」の禁止（39条）　憲法39条は，「何人も，実行の時に適法であつた行為又は既に無罪とされた行為については，刑事上の責任を問はれない。又，同一の犯罪について，重ねて刑事上の責任を問はれない」と定め，事後法の禁止（遡及処罰の禁止）と，「二重の危険」の禁止を定める。事後法の禁止とは，一定の行為後にその行為が違法と定められ，刑罰を科されれば，人は何を基準に行動してよいかわからなくなるので，それを防ぐためである。後者は，「何人も2度にわたり苦しめられてはならない」とする原則に由

来するものである。

　(6) 残虐刑の禁止（36条）　　憲法36条は，「公務員による拷問及び残虐な刑罰は，絶対にこれを禁ずる」としている。すでに述べたように，日本に限らず，自白をとるために拷問がよく行われて，それがえん罪にむすびつき，また，拷問自体は刑罰でもなく，人間の尊厳にも反するということからそれを絶対的に禁止し，また，適正な手続にしたがって科されるとしても，残虐な刑罰を絶対的に禁止するものである。

　現在，日本では死刑という刑罰があるが，これが残虐な刑罰にあたらないかについて議論がされてきた。最高裁は，残虐な刑罰とは「不必要な精神的，肉体的苦痛を内容とする人道上残酷と認められる刑罰」とし（最大判昭23・6・30刑集2巻7号777頁），執行方法としては火あぶり，はりつけなどその時代と環境とにおいて人道上の見地から一般に残虐性を有するものと認められるものとして，絞首刑による死刑は，憲法36条が規定する残虐な刑罰にあたらないとしている（最大判昭23・3・12刑集2巻3号191頁）。なお，死刑については，廃止論と存置論とがあり，議論が続けられている。

4　適正手続と行政手続

　適正手続の要請は，憲法の文言上と31条の位置からは，刑事手続だけにあてはまるものであるが，それをこえて，行政手続にも適正手続の要請が及ぶかどうかが問題となる。というのは，行政手続の中にも，税務調査のための事業所への立入りといった行政強制といわれる手続があり，不利益という点では刑事手続と同様のものがあるからである。判例も学説も，行政手続にも適正手続の要請が原則として及ぶとしているが，その根拠は，31条を適用するとする見解，31条を準用するとする見解，31条ではなく13条の幸福追求権のなかに手続一般についての適正手続の要請が含まれるとする見解，また，法治国家原理を根拠とする見解などがある。最高裁は，税務調査の際に納税者に対する質問・検査を拒否して起訴された被告人が，この質問検査が令状主義（35条）・不利益供述強要の禁止（38条）に反すると主張した事件（川崎民商事件・最大判昭47・11・22刑集26巻9号554頁）において，35条・38条が行政手続にも及ぶことを認

めたが，この質問検査権は，刑事責任追及に直接結びつくものではないこと等を理由に違憲ではないとしている。また，成田国際空港の建設に反対する勢力が建設した建物の利用禁止等に関する成田新法事件（最大判平4・7・1民集46巻5号437頁）において，行政手続が刑事手続でないとの理由のみで当然に憲法31条の保障の枠外にあると判断すべきではないとしているが，行政手続は多種多様であるから，告知・弁解の機会を与えるかどうかは，制限を受ける権利利益の内容，性質，制限の程度，行政処分によって達成しようとする公益の内容，程度，緊急性などを総合較量して決定され，常にそのような機会を与えることを必要とするものではないとしている。なお，行政手続法では，告知と聴聞が要求されているが，個別法による適用除外が認められているので，憲法上の適正手続にもとづく判断が必要な場合もある。

Ⅲ　展　　開　　　　　　　　　　　　*Application*

　憲法21条2項は，通信の秘密を保障するので，捜査機関による電話の傍受は，通信の秘密との関係で論じることもでき，また，憲法35条の「押収」が歴史的沿革から有体物に限られると解されることとの関係で21条2項の保障の問題となるという見解もあるが（佐藤・憲法論323頁），憲法35条の「書類及び所持品」に音声が含まれ，あるいは郵便物等の押収と実質的に異ならないと解するならば，捜索に関する令状主義を定める35条の問題となりうる（新基本コメ・273頁）。また，35条の趣旨は，情報の強制収集からの保護に主眼があるとする立場からは，通信傍受も当然に35条の対象となるとされ（渋谷・憲法375頁），また，35条が適用されないとしても，31条の要請する適正な手続によってなさればならないことはいうまでもないとされる（市川・ケース189頁）。
　通信傍受法が制定されるまでは，犯罪捜査のための電話盗聴については，法律上の根拠がなかったこともあり，次のようなさまざまな見解が出されていた。①電話傍聴は，実体的にも通信の秘密の侵害であり，手続的にも傍受する

会話について35条の特定性の要請を満たすことはできず，通話者への事前の令状呈示もできないから許されない，②35条の要求を満たす令状によれば可能である，③35条は有体物を対象とするので適用されないが，通信の秘密の侵害でもあり，31条の適正手続の解釈を通じて35条の令状主義の趣旨に沿った規制を受ける，④35条は令状の事前呈示までを要求するものではなく，事後的でも31条の告知・聴聞の権利が保障されれば足り，特定性とは目的物存在の蓋然性であって，通信傍受も35条違反といえない，といった見解である（新基本コメ・273頁以下）。なお，③説は令状の発布に関する要求の強度は②説と大差ないとされ，④説は，35条の要請を緩和するものとされる（新基本コメ・274頁）。

　最高裁は，電話傍受は「一定の要件の下では，捜査の手段として憲法上全く許されないものではない」とし，許される要件として「重大な犯罪に係る被疑事件について，被疑が罪を犯したと疑うに足りる十分な理由があり，かつ，当該電話による被疑事実に関連する通話の行われる蓋然性があるとともに，電話傍受以外の方法によってはその罪に関する重要かつ必要な証拠を得ることが著しく困難であるなどの事情が存する場合において，電話傍受による侵害される利益の内容，程度を慎重に考慮した上で，なお通信傍受を行うことが犯罪の捜査上真にやむを得ないと認められるときには，法律の定める手続に従ってこれを行うことも憲法上許される」とし，刑事訴訟法218条1項に定める検証令状の手続による手続で通信傍受を可能としていた（最決平11・12・16刑集53巻9号1327頁）。この判決は，厳格審査で検証されるような要件を設定しているとされ（渋谷・憲法375頁），学説の多くも厳格な要件の下で電話傍受が憲法上許されると解しているとされる（野中ほか・憲法Ⅰ381頁）。

　1999年の通信傍受法は，**事例**でみたように犯罪類型を限定し，最高裁の判旨に従い，比較的詳細に令状の発給要件および傍受の実施要件を定めたことは評価できるが，立会人に回線の切断権を認めていないこと，令状に記載された通信か否かを判断するための予備的傍受を認めていること，令状に記載された通信傍受をなしている過程で遭遇した別の重大な犯罪行為に対する別件傍受を認めていること，さらに傍受中の通信の相手の調査は令状なしで認めていることなど，必要最小限の手段とはいえず，この点が改められない限り，違憲といわ

ざるをえないとする見解が出されている（渋谷・憲法376頁）。これらは，組織的な犯罪以外の犯罪捜査に利用される可能性があり，犯罪と無関係な通信の傍受を排除するための措置が不十分であること等を指摘するものであり，さらに，事後的な救済にも不十分な点があることも問題点として指摘されている。また，通信傍受法を制定して電話盗聴を合法化することが，犯罪の動向やそれに対する捜査の実状からしてどうしても必要であったのか疑わしいという指摘（新基本コメ・198頁）もみられる。通信傍受法は，2000年8月15日に施行されてから11年が経過したが，これまでの実施状況をふまえて，通信の秘密がどれだけ侵害され，また，犯罪捜査のためにどれほどの効果があったかが検証されなければならないであろうし，また，たとえば令状主義に関しても，会話を特定することが構造上困難であり，相手方に令状呈示ができないといった，憲法の要請に照らしたそもそもの問題点が，あらためて検討されなければならないのではなかろうか。

〔参考文献〕
鈴木秀美「通信傍受法」法学教室232号（2000年）29頁
奥平康弘＝小田中聰樹監修『盗聴法の総合的研究』（日本評論社，2001年）
杉原泰雄『基本的人権と刑事手続』（学陽書房，1980年）

【倉田原志】

第8章　外国人の人権

政治献金一切禁止の不思議

Ⅰ　事　例　　　　　　　　　　　　　　　　　　Starting Point

1　外国人の政治献金の禁止

　何かと憲法にかかわる政治献金については,「何人も, 外国人, 外国法人又はその主たる構成員が外国人若しくは外国法人である団体その他の組織……から, 政治活動に関する寄附を受けてはならない」(政治資金規正法22条の5第1項) という全面禁止のルールがある。また,「何人も, 本人の名義以外の名義又は匿名で, 政治活動に関する寄附をしてはならない」(同法22条の6第1項) とも規定されており,「何人も, 第一項の規定に違反してされる寄附を受けてはならない」(同条3項) とも規定されている。つまり, 政治献金に際して国籍を秘匿することができるような抜け道も, 当然のことながら封鎖されている。

　これらの禁止には, いずれも違反に対する罰則として刑罰が用意されており, このような「寄附を受けた者」や「寄附をした者」, さらに, どちらの側でも「団体にあつては, その役職員又は構成員として当該違反行為をした者」は,「三年以下の禁錮又は五十万円以下の罰金に処する」(26条の2第3号, 4号) と規定されている。過失犯の処罰規定はなく, 故意犯の法定刑も, 裁判所が「情状により, 裁判が確定した日から一年以上五年以下の期間, その執行を猶予することができる」(刑法25条1項) という程度のものではある。

　だが, 実刑判決の場合, その刑種によっては,「禁錮以上の刑に処せられそ

の執行を終わるまでの者」(公職選挙法11条1項2号) や「禁錮以上の刑に処せられその執行を受けることがなくなるまでの者 (刑の執行猶予中の者を除く。)」(同項3号) に該当することにもなりかねない。これらに該当すると, 法律上は「選挙権及び被選挙権を有しない」ということになる。

また, 国会議員であれば, こうして「法律に定めた被選の資格を失つたときは, 退職者となる」(国会法109条)。つまり,「外国人」からの政治献金を, それと知りながら受領すると, 議員バッジを失うことにもなりかねない。

もちろん, 「衆議院議員及び参議院議員の選挙権」(公職選挙法9条1項) や「被選挙権」(同法10条1項) には, そもそも「日本国籍」という共通の積極要件があり, これを充足しないことには投票や立候補ができないことになっている。だが, 法律上の「選挙権」や「被選挙権」がないということは, 必ずしも「政治活動に関する寄附」を受けとることができないということを意味しない。そのため, ある「外国人」が別の「外国人」から「寄附を受けた者」として処罰されることもないわけではない。このあたり, 現行法の体系には, おかしな逆説がないだろうか。

2　外国人の政治活動の自由

法律上の定義を確認しておくと,「政治活動に関する寄附」とは,「政治団体に対してされる寄附又は公職の候補者の政治活動 (選挙運動を含む。) に関してされる寄附」(政治資金規正法4条4項) であるが, この「政治団体」の「主たる構成員」は「外国人」でもありうる。「政治団体」に該当するものとしては, 「政治上の主義若しくは施策を推進し, 支持し, 又はこれに反対することを本来の目的とする団体」や「特定の公職の候補者を推薦し, 支持し, 又はこれに反対することを本来の目的とする団体」のほか,「政治上の主義若しくは施策を推進し, 支持し, 又はこれに反対すること」や「特定の公職の候補者を推薦し, 支持し, 又はこれに反対すること」を「その主たる活動として組織的かつ継続的に行う団体」(同法3条) が幅広く列挙されている。これほど広義の「政治団体」であれば,「その主たる構成員が外国人」という具体例のありうることくらいは, 法律の制定改廃の権限を独占している「国の唯一の立法機関」

（憲法41条後段）において「全国民を代表する選挙された議員」（43条1項）たちにとっても，当然に想定の範囲内でなければおかしいだろう。

　また，「外国人」と同じく法律上の「選挙権」や「被選挙権」をもたない未成年者については，「選挙運動をすることができない」（公職選挙法137条の2第1項）というルールもあるが，そもそも「外国人」の場合は，これに相当する禁止規定がない。つまり，政治献金を受けとってもらえない「外国人」は，それでも「選挙運動」に関与することができる。そして，「何人も，公職の候補者の政治活動（選挙運動を除く。）に関して寄附（金銭等によるものに限るものとし，政治団体に対するものを除く。）をしてはならない」（政治資金規正法21条の2第1項）という複雑なルールに違反しなければ，「選挙運動」の資金援助を受けることも，その他の「政治活動に関する寄附」を受けとることもできる。

　これら「選挙運動」までも含めた「政治活動」が，その資金を集める局面においても自由を保障されているのとは相違して，本人名義の政治献金が国籍を勘違いして受けとられるという可能性に期待するのでもない限り，これだけは非合法になってしまう制度になっている。このように局所的な「外国人」お断りの制度には，どのような根拠があるのだろうか。憲法に基づいて保障される「集会，結社及び言論，出版その他一切の表現の自由」（21条1項）に「政治活動」の自由が含まれるとしても，「外国人」だけは，この「自由」を政治献金という方法によって行使することができないということなのだろうか。

　たしかに，日本という「国の最高法規」（98条1項）に「侵すことのできない永久の権利」であると明記されているのは日本の「国民に保障する基本的人権」（11条・97条）であるという字句を重視して，国境の内側を守備範囲とする憲法に「国民の権利及び義務」（第3章）が列挙されているのも「日本国民たる要件は，法律でこれを定める」（10条）という前提があってのことだと解釈するなら，国籍を超越した人権保障までもが日本国内のルールとして構想されているわけではないと結論することになるのだろう。だが，このような解釈に欠陥はないだろうか。

II 講義　　　　　　　　　　　　　　　　　　*Knowledge*

1　基本的人権の特性

　ごく基本的な事項を再確認しておくと、そもそも基本的人権には、その特性として、固有性と不可侵性と普遍性がある。固有性とは、帝国の臣民の権利などとは本質的に異なり、人が人だから有する人の権利であることを表している。有償または無償で譲り受けたわけでもなく、また、憲法に規定されているからでもなく、人として生まれた以上は、人生の最初から最後まで途中で喪失することなく自然に享有しており、保障されていなければならないという意味において、かねて天賦人権とも呼ばれてきた権利であることを指している。

　不可侵性とは、みだりに侵害されてはならないことである。つまり、何が何でも絶対に侵害されないということではないが、権力の行使によって正当な理由なく制約されてはならないことを意味している。そして、普遍性とは、どんな人でも当然に享有することができるユニバーサル・デザインの権利であることを表している。その享有の主体であり、保障の客体である人の範囲を狭く限定しないという意味において、人権というコンセプトこそがバリア・フリーでなければならないということである。

　万人が享有する権利の行使が相互に衝突する可能性は、どうにも否定できないから、そこで理不尽な弱肉強食の事態が生じないように公平な調整をはかる必要がある。このように、人権保障の論理には、人権制約の論理が内在しており、この内在的制約の最適化こそが権力の役目である。

　人権の3つの特性は、いずれも現実に存在する事実を記述しようとするものではなく、むしろ、法というルールの世界において根本的な規範を説明するものであるが、そうであるだけに、実際には齟齬や乖離がないとも限らない。たとえば、国籍について考えてみると、日本国籍であることが人権の発生の原因であるかのように考えてしまうのは、それこそ固有性の意味が上手く理解でき

ていないからだろう。また，外国籍であることが人権を制約するための正当な理由になることもあるというのではなく，そもそも人権を享有すること自体をシャット・アウトするバリアのように機能するかのごとく捉えてしまうのは，不可侵性と普遍性を混同しているのだろう。

2　法律上の日本国籍

仮に「職業選択の自由」（憲法22条1項）が「選択」後にも保障されるのとは根本的に相違して，「国籍を離脱する自由」（同条2項）の保障は「離脱」時に完了するのだとしても，「離脱」後に何も保障されなくなるのは，おかしいと考える余地がある。憲法上の人権の享有主体が，「日本国民たる要件は，この法律の定めるところによる」（国籍法1条）というルールに基づいて判定されるのでは，およそ憲法という「最高法規」の存在理由の根幹にもかかわる基本原理としての人権保障が，法律上の「日本国民たる要件」としての国籍によって決定的に左右されることになるだけに，まさしく本末転倒である。

近年では，最高裁の2008年の大法廷判決（最大判平20・6・4民集62巻6号1367頁）が，国籍法の規定を違憲無効と判定するにあたり，「日本国籍の取得に関する法律の要件によって生じた区別が，合理的理由のない差別的取扱いとなるときは，憲法14条1項違反の問題を生ずる」と判示している。「日本国籍は，我が国の構成員としての資格であるとともに，我が国において基本的人権の保障，公的資格の付与，公的給付等を受ける上で意味を持つ重要な法的地位でもある」としても，この「法的地位」に国籍法という法律しだいの人権保障という意味まではないことが，そこで当然の前提にされている。

また，この違憲判決によっても注意が促進されているように，法律上の国籍の制度には，それ自体の不備による根本的な問題もある。たとえば，国籍に直結する「戸籍の訂正」（戸籍法24条2項）には，近年ようやく判明した多大な懈怠があり，法務省が全戸籍の9割を調査して2010年9月10日に報道発表したところでは，ギネス世界記録を上回る120歳以上の所在不明の高齢者が7万7118人に上り，そのうち150歳以上だけでも何と884人が戸籍に登載されていた。ここまで赤裸々に人の寿命までも度外視するかたちになっていた制度運用の失態

などは，すでに過去の問題として合理的に克服されてきたのかもしれないが，こうした試行錯誤が繰り返されてきたこと自体も問題だろう。

　さらには，深刻な家庭内暴力から逃避した母親の「婚姻の解消若しくは取消しの日から三百日以内に生まれた子」（民法772条2項）が，本人には責任のない不幸な特殊事情により，日本国旅券の発給の申請に必要な「戸籍謄本又は戸籍抄本」（旅券法3条1項2号）を取得できないという問題も巷間にある。外務省の対応による特例の設定にも限界があり，このような無戸籍者の人権問題は，いまなお完全には解消されていない重大な憲法問題である。この程度の完成度しかない戸籍に連動する国籍の制度に，憲法に基づく人権保障の出発点を期待するのは，いかにも不合理である。

3　憲法と国際人権法

　人権の享有の主体，保障の客体として憲法に明記されている「現在及び将来の国民」（11条・97条）を法律上の「日本国民たる要件」によって識別するような憲法解釈には，やはり無理があるという法制度の実態を仮に捨象しても，人間に固有の権利が特定の国家に固有の憲法に基づいて保障されることを根拠として，人権保障の普遍性が特定の国家の法律を超越することを否定するような論理を憲法解釈に反映するのは妥当でない。

　そもそも「日本国が締結した条約及び確立された国際法規は，これを誠実に遵守することを必要とする」（98条2項）からである。このうち「条約の締結」は内閣の職務であり，それに「国会の承認」（61条・73条3号）が必要とされてはいても，そのような手続によって硬性憲法の改正に必要な「国民投票」（96条1項）を実質的にバイパスするようなことは許されるはずもないだろう。だが，そのようなものでない限りは，国会が制定改廃する法律にもまして「誠実に遵守」されなければならないはずである。

　国際人権法の分野の顕著な具体例としては，日本が1979年8月4日に締結した経済的，社会的及び文化的権利に関する国際規約と市民的及び政治的権利に関する国際規約がある。これら2つの国際人権規約の前文には，共通して「人間の固有の尊厳」に基づく「人権及び自由の普遍的な尊重及び遵守を助長すべ

き義務」が明記されている。

　また，国際人権規約とともに国際人権章典を構成している世界人権宣言は，この人権文書が国際連合の総会決議として1948年12月10日に採択されてから8年と8日の後の1956年12月18日に80番目の国連加盟国となった日本にとり，これこそ「確立された国際法規」の典型例にほかならないとも考えられる。その前文に「誓約」されているのも，「人類社会のすべての構成員の固有の尊厳」に基づく「人権及び基本的自由の普遍的な尊重及び遵守の促進を達成すること」である。

　これらが普遍的であることを要請しているのは，ここにも確認できるとおり，実体としての「人権」ではなく，むしろ，その「保障」の手続である。してみると，日本という国家に固有の憲法であることは，その明文により国際人権章典の「誠実」な「遵守」が内外に「誓約」されている以上，国際人権保障のグローバルなネットワークに接続している国内においても，人間に固有の権利について享有主体の普遍性を否定する根拠にはならない。

4　外国籍と人権保障

　国籍にかかわりなく人権が享有され，保障されるとしても，この有無の論点に続いて享有や保障の範囲が問題となる。そして，外国籍の場合にも人権の全部が保障されるというのであればともかく，そうでなければ，さらに保障される権利とされない権利を分別するためのメルクマールが必要になる。つまり，国家の基本法である憲法に基づき国内において保障される人権の享有主体に外国籍の人間が含まれる可能性それ自体について否定説を採用せず，肯定説を展開するにしても，その範囲をめぐる全部説と一部説の対立がありうるが，そこで後者を採用するなら，外国籍でも享有可能なものを判別するための指標を提示しなければ，およそ論理的な憲法解釈として完結することにならない。

　ここで最高裁の判例の系譜を簡略に辿ってみると，古くはサンフランシスコ講和会議において日本国との平和条約が締結されるのに先立ち，たとえば1950年の第2小法廷判決（最判昭25・12・28民集4巻12号683頁）は，上告理由が人権の固有性と保障の普遍性を高唱している世界人権宣言を援用する部分に正面か

ら応答して，原審の京都地裁が「不法入国者は国家的基本的人権の保護を要求する権利を有しないと判示している」のを「謬論」であると断定，さらに「いやしくも人たることにより当然享有する人権は不法入国者と雖もこれを有する」と判示している。この「不法入国者」は外国籍であり，ここに肯定説の採用を確認することができる。

　国連加盟の半年後には，1957年の大法廷判決（最大判昭32・6・19刑集11巻6号1663頁）が，「国際慣習法上，外国人の入国の許否は当該国家の自由裁量により決定し得るものであつて，特別の条約が存しない限り，国家は外国人の入国を許可する義務を負わない」という理解のもとに，「入国」は「居住，移転」（憲法22条1項）や「移住」（同条2項）の文理に含意されていないことを結論する前提として，「これらの憲法上の自由を享ける者は法文上日本国民に局限されていないのであるから，外国人であつても日本国に在つてその主権に服している者に限り及ぶ」と判示している。ここに「法文」が根拠とされているのは，これら2つの条項に共通する主語の文言が「何人も」であることに着目しているからだろうが，何にしても判別の標準が提示されているのには，その論理的な前提として全部説が否定されていることを窺い知ることができる。

　これに対して，さらに半年後の大法廷判決（最大判昭32・12・25刑集11巻14号3377頁）は，「すべての人の出入国の公正な管理を行うという目的を達成する公共の福祉」に基づく「出国の手続」が「合憲性を有する」と判定するにあたり，「外国移住の自由は，その権利の性質上外国人に限つて保障しないという理由はない」と判示している。ここに「法文」の字面ではなく「権利の性質」が判別の標準とされているのは，これ以降の判例の基調であり，通説においても，多分に同床異夢ではあるかもしれないが，解釈の基本的な枠組みとしては同じく「権利の性質」説が採用されてきた。

5　権利性質説の判例

　日本が2つの国際人権規約の締約国になる前年の大法廷判決（最大判昭53・10・4民集32巻7号1223頁）は，在留期間の更新の申請に対する法務大臣の不許可処分の取消しを請求していた米国籍の上告人の氏から，マクリーン事件判決

と呼ばれている。このときの大法廷は，前掲の「法文」説の先例を参照しながら，「憲法上，外国人は，わが国に入国する自由を保障されているものでないことはもちろん……在留の権利ないし引き続き在留することを要求しうる権利を保障されているものでもない」と判示しているが，このように先例を踏襲して「在留の権利」自体を否定する枠組みの内部においては，次のとおり，むしろ「権利の性質」説を採用している。

マクリーン事件判決によると，「憲法第三章の諸規定による基本的人権の保障は，権利の性質上日本国民のみをその対象としていると解されるものを除き，わが国に在留する外国人に対しても等しく及ぶものと解すべきであり，政治活動の自由についても，わが国の政治的意思決定又はその実施に影響を及ぼす活動等外国人の地位にかんがみこれを認めることが相当でないと解されるものを除き，その保障が及ぶ」。この長い文には「除き」という語が２度までも使用されており，これらの用例からは，判例の「権利の性質」説における原則と例外の関係を読みとることができる。つまり，憲法に基づく人権保障は，法律上の「日本国民」限定ではなく「外国人に対しても等しく及ぶ」のが原則であり，「政治活動の自由」の保障も「外国人」お断りではないのが原則であるという図式を抽出することができる。

法務大臣の不許可処分の理由は，入国後まもなくの届出なき勤務先変更のほか，とりわけ反戦集会などへの一般参加であったが，マクリーン事件判決も，これが「わが国の政治的意思決定又はその実施に影響を及ぼす活動等」とは異質であることを承知して，「上告人の在留期間中のいわゆる政治活動は，その行動の態様などからみて直ちに憲法の保障が及ばない政治活動であるとはいえない」と査定している。だが，原則どおり「政治活動の自由」が保障されるとしても，「在留の権利」が保障されないのであれば，法務大臣の裁量処分が取り消されることにはならない。これでは裁量権の根拠となる法令の規定が人権保障の根拠である憲法の条項に優越して適用される場面も発生することになるが，こうした逆転の可能性を肯定したのがマクリーン事件判決である。

多く批判されてきた判例であるが，最近では，日本弁護士連合会の機関誌『自由と正義』2011年２月号の特集「外国人の人権と弁護士活動」のなかで，

申惠丰「国際人権法からみた外国人の人権」が,「現在もなお,外国人の人権保障を在留制度の枠内に押し込める論理として繰り返し用いられている」のを指して「マクリーン判決の呪縛」と呼び,判決の翌年に締約国となった2つの国際人権規約をはじめとする「人権条約の観点から根本的に見直さなければならない」(13頁)と述べている。

III　展　開　　　　　　　　　　　　　　　*Application*

1　日本国籍と社会権

　権力から手出しをされないことで保障される自由権であれば,よほどの事案でもない限り例外の側に振り分けられることもなく,少なくとも在留制度の枠組みのなかでは原則どおり保障されるとしても,権力による手助けを保障の基本的な形態とする社会権の場合は,同じ枠組みに封じ込められるまでもなく,日本国籍を享有の必要条件とする法律が合憲と判定されてきた。つまり,これまでの判例の傾向によると,在留の拒否をめぐる行政裁量が機能しない場合でも,給付の可否をめぐる立法裁量が優越することになる。

　たとえば,1989年の第1小法廷の塩見訴訟判決(最判平元・3・2判時1363号68頁)に,「社会保障上の施策において在留外国人をどのように処遇するかについては,国は,特別の条約の存しない限り,当該外国人の属する国との外交関係,変動する国際情勢,国内の政治・経済・社会的諸事情等に照らしながら,その政治的判断によりこれを決定することができるのであり,その限られた財源の下で福祉的給付を行うに当たり,自国民を在留外国人より優先的に扱うことも,許される」と判示されているが,この部分の直前に,「立法府は,その支給対象者の決定について,もともと広範な裁量権を有している」という判示がある。また,2001年の第3小法廷判決(最判平13・9・25判時1768号47頁)には,生活保護法が「不法残留者を保護の対象としていないことは,憲法25条に違反しない」ほか,「何ら合理的理由のない不当な差別的取扱いには当たら

ないから，憲法14条1項に違反しない」と判示されている。

2　日本国籍と参政権

　権力へのアクセスが保障される参政権の場合は，前述のとおり，「衆議院議員及び参議院議員の選挙権」と「被選挙権」に共通して「日本国籍」という積極要件が法定されているが，前者については1993年の第2小法廷判決（最判平5・2・26判時1452号37頁）により，後者については5年後の第2小法廷判決（最判平10・3・13裁時1215号5頁）により，いずれも合憲と判定されている。それぞれの当事者は，前者が出入国管理及び難民認定法に基づき「日本人」の「配偶者」（22条2項）として英国籍のまま「永住許可」（同条1項）を受けた者であり，後者が日本国との平和条約に基づき日本の国籍を離脱した者等の出入国管理に関する特例法に基づく「特別永住者」（3条）としての在日朝鮮人3世であるから，在留期間は問題とならないが，両判決ともマクリーン事件判決に準拠するかたちで保障されない種類の権利であると判示している。

　また，これら両判決の中間の時期には，1995年の第3小法廷判決（最判平7・2・28民集49巻2号639頁）において，「国民固有の権利」（憲法15条1項）は「国民主権の原理に基づき，公務員の終局的任免権が国民に存することを表明したものにほかならないところ……国民主権の原理における国民とは，日本国民すなわち我が国の国籍を有する者を意味することは明らかである」から，これは「権利の性質上日本国民のみをその対象とし……我が国に在留する外国人には及ばない」と解釈されている。そして，「その地方公共団体の住民が，直接これを選挙する」（93条2項）という条項の「住民」も「地方公共団体の区域内に住所を有する日本国民を意味する」という解釈が提示されている。憲法の基本原理における「国民」概念が現行の法律に基づく国籍によって決定されるという本末転倒の構図もさることながら，そもそも「国民」が平常から「主権」を行使するような理論構成では，民主主義の装飾により，人権を圧倒する権力が増強されはしないかということも懸念される。

　この判決には，「我が国に在留する外国人のうちでも永住者等であってその居住する区域の地方公共団体と特段に緊密な関係を持つに至ったと認められる

ものについて，その意思を日常生活に密接な関連を有する地方公共団体の公共的事務の処理に反映させるべく，法律をもって，地方公共団体の長，その議会の議員等に対する選挙権を付与する措置を講ずることは，憲法上禁止されているものではない」が，「このような措置を講じないからといって違憲の問題を生ずるものではない」とも判示されているのが注目されてきた。だが，この傍論の部分に示唆されているような法改正は，在日韓国人をはじめとする永住外国人住民の法的地位向上を推進する議員連盟が与党内で活動しているはずの政権交代後も実現する気配がない。

3　国民主権と外国籍

　社会権や参政権の享有を阻害してきた法令の国籍条項は，あくまでも日本国籍を積極要件とするものであり，外国籍を消極要件とするものではないから，日本国籍を含む多重国籍の場合は，そもそも人権保障の普遍性をめぐる問題が発生しない。たとえば，出生により日本国籍を併有する外国の大統領経験者が，参議院議員通常選挙に立候補したという実例もある。

　もちろん，「外国の国籍を有する日本国民は……いずれかの国籍を選択しなければならない」（国籍法14条1項）というのが現行法である。そして，「日本の国籍の選択は，外国の国籍を離脱することによるほかは，戸籍法の定めるところにより，日本の国籍を選択し，かつ，外国の国籍を放棄する旨の宣言」（同条2項）によるが，「法務大臣は，外国の国籍を有する日本国民で……日本の国籍の選択をしないものに対して，書面により，国籍の選択をすべきことを催告することができる」（同法15条1項）。

　だが，このように多重国籍の解消を最終的には法務大臣の裁量事項としていることから，その裁量権が行使されない場合，たとえば，「法務大臣は，選択の宣言をした日本国民で外国の国籍を失つていないものが自己の志望によりその外国の公務員の職……に就任した場合において，その就任が日本の国籍を選択した趣旨に著しく反すると認めるときは，その者に対し日本の国籍の喪失の宣告をすることができる」（同法16条2項）という規定も実効の余地がない。また，日本の「国籍を有しない者又は外国の国籍を有する者は，外務公務員とな

ることができない」(外務公務員法7条1項)が，これと同様に国会議員や国務大臣となることを禁止している法律はない。

　2005年の大法廷判決(最大判平17・1・26民集59巻1号128頁)には，「地方公務員のうち，住民の権利義務を直接形成し，その範囲を確定するなどの公権力の行使に当たる行為を行い，若しくは普通地方公共団体の重要な施策に関する決定を行い，又はこれらに参画することを職務とするもの」は，「国民主権の原理に基づき，国及び普通地方公共団体による統治の在り方については日本国の統治者としての国民が最終的な責任を負うべきものである」から，「原則として日本の国籍を有する者が……想定されているとみるべきであり，我が国以外の国家に帰属し，その国家との間でその国民としての権利義務を有する外国人が……就任することは，本来我が国の法体系の想定するところではない」と判示されている。

　明文規定の不在を不問にしようとする「法体系」の援用も苦慮の痕跡なのだろうが，さらなる難点としては「国民主権の原理」が「日本の国籍」に直結する理由も説示されていない。また，日本国籍をもたない永住資格者の出願に対抗して管理職選考試験の受験資格に盛り込まれた国籍条項が合憲と判定された事案であるだけに，多重国籍の可能性を現実に放任している「法体系」との整合性にまで思慮が到達していない。そして，そもそも法律上は比較的容易に「帰化」(国籍法4条1項)することができる永住資格者ならば，憲法上は瞬時に「日本国の統治者としての国民」になる可能性を秘めていることまでも示唆しているような判例であるが，この地位が「法務大臣の許可」(同条2項)しだいであるというのも不思議である。

4　政治献金と外国籍

　外国人による政治献金を全面的に禁止している政治資金規正法の規定は，このような「法体系」のなかでも特異である。社会権や参政権ではなく自由権について，人権の不可侵性ではなく普遍性に対する例外が法定されており，日本国籍が積極要件とされているのではなく，外国籍が消極要件とされているが，これには「法体系」との整合性を説明できるような目的があるのだろうか。

おそらくは1970年の八幡製鉄政治献金事件判決（最大判昭45・6・24民集24巻6号625頁）が「自然人」ではない「法人」の権利能力を拡大する解釈にあたり，「もし有力株主が外国人であるときは外国による政治干渉となる」という危惧に直面して，こうした「弊害に対処する方途は，さしあたり，立法政策にまつべきことであつて，憲法上は公共の福祉に反しないかぎり，会社といえども政治資金の寄附の自由を有する」と判示したのにも対応するような立法裁量の所産であるが，その後に登場したマクリーン事件判決に「政治活動の自由」も原則として保障されることが明示されている。献金額の多寡にかかわらず，「わが国の政治的意思決定又はその実施に影響を及ぼす」というのでは，国際人権法を「誠実に遵守する」どころか，これまで批判にまみれてきた判例の水準にも到達していない。

　日本国籍を併有する「外国人」の場合に限定して，すでに投票や立候補も可能なのだからと，政治献金の禁止を解除するような特例を新設したり，法律上の「日本国民」であれば外国籍を併有していても「外国人」には該当しないという解釈に基づいて運用したりしても，それで解消されるほど些細な問題ではなく，そもそも多重国籍の場合についてだけ再検討すべき問題でもない。もちろん，現行の「法律を誠実に執行」（憲法73条1号）する立場の内閣にあっては，首相や外相ならずとも知らないでは済まないだろうが，本来的には人権保障と「国民主権の原理」の交差点にあって，およそ「立法政策」しだいではありえない種類の憲法問題である。

〔参考文献〕
泉徳治「マクリーン事件最高裁判決の枠組みの再考」自由と正義62巻2号（2011年）19頁
河島太朗「米英独仏における外国人の政治献金規制」調査と情報542号（2006年）
近藤敦「外国人の『人権』保障——コンメンタール風に」自由人権協会編『憲法の現在』（信山社，2005年）323頁

【倉田　玲】

第9章　ジェンダーと人権

「命の重み」は男女同じか

Ⅰ　事　　例　　　　　　　　　　　　*Starting Point*

　どの人の「命の重み」も等しい……これは人権論の出発点である。しかし，法律や裁判所が「命の重み」に対し，性別によって異なる基準を持っていると聞いたら，あなたはどう感じるだろうか。日本国憲法は14条において性別による差別を禁じているが，憲法制定から半世紀以上が過ぎた現在でも，さまざまな統計に性別による違いが見られる。法の世界でも，法律そのものに性別による別異取扱いが存在し，なかには裁判において違憲性が問われたものもある。わかりやすい例が，人の死や後遺障害に関する裁判例である。以下の3つの事例について考えてみよう。

1）Aは，カーブを曲がり切れず対向車等に衝突する自動車事故を起こし，同乗者が死亡した。この死亡した同乗者の夫と父母が，Aに対して損害賠償を求めた。この事案においてAは，死亡した同乗者は女性であるため，損害賠償額は，女性労働者全年齢平均賃金を用いて算定するのが相当である旨主張した（名古屋高判平20・12・22）。

2）金属を溶かす職場での作業中，顔や腹などに大やけどを負った30代の男性Bが，労災保険から支給される「障害補償給付」の認定において，男性の外見の傷について女性より低い障害等級とするのは憲法14条に違反するとして，国を被告に障害補償給付処分の取消しを求めた（京都地判平22・5・27）。

3）原告ら夫婦の12歳の長女は，進学塾でその講師により殺害された。この事件の損害賠償請求において，原告側は，進学塾を経営する法人に対し，殺害された女児は私学の中学に進学し，成績も良く，今後も高度な教育を受け将来相当の収入が得られたはずだとして，逸失利益の算定に男性の全平均賃金を採用すべきと主張した（京都地判平22・3・31判時2091号69頁）。

　これらの事例では，社会における男女間の賃金格差や外貌（頭部・顔面部・頸部等の日常露出する部分）に対する評価の違いを，裁判所がどのように判断するかが注目された。実際，厚生労働省による資料では，2010年について，男性の所定内給与額（給与のうち時間外手当など所定外給与を除いたもの）を100とすると，女性の一般労働者の所定内給与は69.3とされている。一般労働者のうち，正社員，正職員に限っても72.1である。一方で，社会においては，女性の方がより外見を重視される側面があるかもしれない。しかし，このような男女間の格差や評価の違いに基づいて法律が作られたり，裁判所がそれを是認して良いのだろうか。

II　講　　義　　　*Knowledge*

1　ジェンダーとは

　「性」について，身体と心，そのどちらにも関わる事柄を広く捉えて「ジェンダー」と呼ぶ。ジェンダーという概念は，1960年代半ばのフェミニズム運動（女性解放運動）の発展の中で，自然的・生物学的性差（＝セックス）に対して，社会的・文化的性差を意味する用語として使われるようになった。それは，妊娠・出産などの取り換えできない性差に対して，「女はこうあるべき」「男はこうあるべき」という，社会によって規範化された性差を意味する。なかでも，「男は外で働き，女は家事・育児をする」という性別役割分業観は，「あるべき姿」としてジェンダーによる偏見（＝ジェンダー・バイアス）を導き，人々の自由なライフスタイルの選択に影響をもたらしてきた。

社会が，性別によって「あるべき」生き方を決めるとき，私たちはそれ以外の生き方を選択することに躊躇する。また，「あるべき」生き方をしない人に対しては，例外視することによって「生きづらさ」を与えることもある（男性が育児休業を取得しにくかったり，女性が労働の現場で評価されにくい例を思い描いてみよう）。さらに，法律や税金，社会保障などの諸制度は，性別役割分業観に基づいて設定されていることも多く，人々の家庭的責任と職業的責任に関する選択において「歪み」をもたらしてしまう。このことは結果として，労働や政策決定の場における女性の参加や評価，男性の家事・育児・介護への参画率の低さにつながってきたのである。このように，社会における「性」についての平等を確認したり，不平等をもたらす諸制度への批判的検討を行うアプローチが，「ジェンダーによる視点」ということになる。

2　人権と女性

1789年の「フランス人権宣言（人および市民の権利宣言）」では，女性や女性市民の権利は保障されていなかったと言われる。人権宣言の正式なタイトルが，「La Declaration des Droits de l'Homme et du Citoyen」（Homme =「人（男性）」，Citoyen =「男性市民」を指す）であることからも明らかである。この時代のフランスの女性には参政権が認められず，1804年に制定されたフランス民法典でも，「夫は妻を保護し，妻は夫に従うべし」（213条）という条文をはじめ，家父長制原理に基づく規定が定められていた。このように，市民革命期の人権をジェンダーの視点で捉えると，性別による差別は顕著である。

日本でも，1898年に成立した明治民法の家族法規定は家父長制原理に基づくと説明される。しかし，フランス民法典など西洋の近代家族法の夫権的家父長制とは違い，儒教の影響を強く受けていた。そこでは，長幼の序列としての忠孝や，男女の序列として男尊女卑に基づく制度など，儒教的な原理に従い「家」制度が定められた。「家」制度の下での「家」とは，家族構成員の変化にかかわらず存続するものとされ，家長としての戸主をはじめ，すべての国民がこの「家」に所属した。「家」の内部では，原則として男性である戸主が強い権限で家族を統率し，子どもの親権や夫婦の財産を管理した。妻は戸主を継ぐ

男の子を生むことが使命とされたり，夫婦不平等に貞操義務が課されるなど，「家」制度における家族関係は男女不平等なものであった。

家族生活においてだけではない。明治維新以降，「男女同権」を目指して一部の女性運動が展開されるが，日本女性の人権の確立は，日本国憲法の誕生を待たなければならなかった。

3　日本国憲法14条および24条

日本国憲法では，14条において法の下の平等を定め，性別による差別を禁じている。また24条では，婚姻生活における夫婦の対等を定める。憲法は，公的な領域における男女の平等だけでなく，私的な家族生活における平等についても定めているのである。さらに24条2項では，家族に関わる法制は個人の尊厳と両性の本質的平等に立脚して制定されなければならないと規定されている。これを受け，1947年，明治民法の家族法部分は大幅に改正され，「家」制度は廃止された。

憲法24条の誕生に大きく関わった女性として，GHQの民政局員であったベアテ・シロタが知られている。彼女は，幼少期を日本で過ごし，日本の夫婦の関係や社会における女性の地位の低さについて熟知していた。彼女は当時22歳であったが日本の新しい憲法では，男女平等や対等な夫婦関係について定める必要性を感じていたという。ベアテ・シロタが熱意をもって提案した憲法草案18条は，現行の憲法24条に生かされている。

ベアテ草案18条
①家庭は，人類社会の基礎であり，その伝統は，善きにつけ悪しきにつけ国全体に浸透する。それ故，婚姻と家庭とは，法の保護を受ける。親の強制ではなく相互の合意に基づき，かつ男性の支配ではなく両性の合意に基づくべきことを，ここに定める。
②これらの原理に反する法律は廃止され，それに代わって，配偶者の選択，財産権，相続，住居の選択，離婚並びに婚姻および家庭に関するその他の事項を，個人の尊厳と両性の本質的平等の見地に立って定める法律が制定さるべきである。

4　女性労働者の権利

　性別による差別の禁止を定めた日本国憲法は，家族生活にとどまらず，女性が労働者として抱える問題にも影響を与えた。以下では，日本企業における男女別雇用管理がもたらした女性労働者への不利益について，裁判所がどのように判断してきたか確認してみよう。1985年に男女雇用機会均等法が成立する以前，日本の各企業では，結婚退職制，若年定年制，男女別定年制といった雇用管理が行われていた。住友セメント事件（東京地判昭41・12・20労民17巻6号1407頁）は，これらの雇用管理がもたらす，女性差別に対する裁判所の最初の判断である。

　原告が働く住友セメントでは，女性労働者に対して「結婚又は満35歳に達したときは退職する」ことを内容とする労働契約を締結していた。原告は，1960年に採用された女性で，64年に結婚したため，この労働契約にもとづき解雇通告を受けた。原告は，これについて憲法14条に違反すると主張したのである。東京地裁は，「女子労働者のみに結婚を退職事由とすることは，性別を理由とする差別をなし，かつ，結婚の自由を制限するものであって，しかもその合理的根拠を見出し得ないから，労働協約，就業規則，労働契約中かかる部分は，公の秩序に違反しその効力を否定されるべきもの」と判断し，この結婚退職制に基づく解雇の通告を，民法90条に違反し無効と判断した。

　ここでポイントとなるのは，裁判所が，結婚退職制を一内容とする労働契約について，憲法14条でなく民法90条に違反し無効と判断した点である。最高裁においても，男女別定年制が争われた日産自動車事件（最判昭56・3・24民集35巻2号300頁）のなかで，女性の定年・退職年齢を男性よりも低く設定し格差を設けることは，民法90条に定める公序良俗に反して違法・無効であると判断している。これをどう考えれば良いのだろうか。

　これらの事件の企業と労働者の関係のような，私人間における人権規定の効力をめぐっては3つの見解がある。まず無効力説（無適用説）では，もともと憲法の人権規定は，国家対個人の関係を規律するものであるとして，私人関係への効力を否定する。また，人権規定が私人間にも直接効力が及ぶとする直接適用説がある。現代社会においては，個人の人権が国家に類似する規模の組織

や集団によって制約されることに配慮した説である。これに対して，現在の通説・判例の立場は，間接適用説をとる。この説では，住友セメント事件や日産自動車事件のように，民法90条のような一般条項を通じて，間接的に憲法の人権規定の効力を私人間にも及ぼそうとするものである。この説に対し，私人間においても憲法上の人権規定の効力を確実にもたらせるよう，特に平等権や自由権については直接適用が望ましいとする見解もある。

5　現行法上の課題

　以下の民法733条，750条，刑法177条の条文については，憲法14条に照らしその合憲性が問われている。特に民法733条の再婚禁止期間，刑法177条の強姦罪の条文が，男女差をもって定められる根拠は，生物学的性差すなわち身体的な男女の違いとされる。しかしながら，現代においてもなお，その別異取扱いが合理的であるのか検討の余地がある。

　2009年8月，国連の女性差別撤廃委員会（CEDAW）は，民法733条や民法750条などの日本民法の一部を，男女平等の観点から「即時改正すべき」と勧告した。再婚禁止期間の廃止や選択的夫婦別姓制度の導入を含めた家族法改正は，国際的な視点からも喫緊の課題である。

　（1）再婚禁止期間（民法733条）　民法では，733条において女性に6ヶ月の再婚禁止期間を定めている。この規定の立法目的は，再婚女性の子どもの父親の推定が前夫と後夫で重複することを避け，父子関係の混乱を防止することにあるとされる。再婚禁止は女性のみに設定されるものであるが，妊娠出産という生物学的差異に基づく合理的な差別であると考えられてきた。しかし現在では，妊娠の有無の確認や，DNA鑑定により子どもの父を明確にすることが容易になっている。また，「6ヶ月」という期間の根拠も明確でない。そのため，733条の改正論として，期間を100日に短縮する案や廃止論が展開されている。

　憲法論としては，性別による差別を禁じる14条，さらに婚姻の自由を保障する13条，24条の趣旨から，立法目的と手段との間に合理的な関連性があること，また婚姻の自由への制約は必要最小限であることが求められる。父性推定の混乱の防止という立法目的に対し，6ヶ月という再婚の制約をすべての女性

に課すという手段は，父子関係の医学的証明が発達した現代の事情や嫡出推定制度との関係からも広範すぎ，合理性を欠くと言わざるをえない。そもそも6ヶ月間再婚を禁止しても，性関係まで規制することはできないため，真実の父子関係の下で暮らす子どもにとって，父子関係が安定せず不利益に働くこともある。また，女性への再婚規制は，その女性と婚姻しようとする男性の自由を制約することにもつながる。

なお最高裁は，再婚禁止期間は父性推定の重複を避けるためのものであり，憲法の文言に一義的に反するとはいえないとして，再婚禁止期間の違憲性を主張した原告の主張を斥けている（最判平7・12・5判時1563号81頁）。

　（2）　**夫婦の氏（民法750条）**　明治民法では，746条において「戸主及ヒ家族ハ其家ノ氏ヲ称ス」と定められ，氏は「家」制度における「家」の呼称であった。戦後改正された現行民法では，「婚姻の際に定めるところに従い，夫または妻の氏を称する」（750条）と定められ，これを「夫婦同氏の原則」という。この条文は，文言においては性に中立に定められているが，婚姻するカップルの一方にのみ改姓を強いるという夫婦間の不平等や，妻側が改姓する夫婦が97％以上という現状など，男女平等やライフスタイルに関する自己決定の視点から問題が多い。実際，改姓によって，氏の変更に伴う手続きの煩雑さ，職業上の不都合，アイデンティティの喪失など，さまざまな問題を感じる人もいる。男性の氏を夫婦の氏として選択するカップルが多い実情から，女性の側がこれらの問題を抱えることが多いのも事実である。互いの氏を大切にする思いを尊重し，婚姻届を提出できない事実婚カップルも存在する。

　民法750条については，憲法13条・14条・24条に照らして違憲であるとの主張もある。しかし，国立大学（当時）の女性教員が国に対し，人事記録その他の文書において旧姓名を使用すること及び戸籍名の使用を強制されたことについて損害賠償を求めた裁判において，東京地裁は，「法律上保護されるべき重要な社会的基礎を構成する夫婦が同じ姓を称することは，主観的には夫婦の一体性を高める場合があることは否定できず，また客観的には利害関係を有する第三者に対し夫婦である事実を示すことを容易にするものといえるから，夫婦同氏を定める民法750条は合理性を有し，何ら憲法に違反するものではない」

と判断した（東京地判平5・11・19判時1486号21頁）。

なお，1980年代後半より，民法750条の改正案として，別姓での婚姻を選択できる「選択的夫婦別姓制度」の導入が検討されている。1996年，法制審議会においても「民法の一部を改正する法律案要綱案」が答申されたが，反対論も強く，2011年現在，法改正は実現していない。

（3）　**強姦罪（刑法177条）**　刑法177条では，「暴行又は脅迫を用いて13歳以上の女子を姦淫した者」また「13歳未満の女子を姦淫した者」に対して強姦罪を定める。すなわち，日本において強姦罪は，13歳以上の女性に対し暴行または脅迫を用い「性交」を行うこと，13歳未満であれば「性交」そのものが犯罪であり，そこでは女性のみが被害者となることが想定されている。男性の被害について定められていない理由は，男女の肉体的な構造の違いからと説明されるが，これにはいくつかの問題がある。

1つは，強姦罪の法益について，処女性の保護や貞操が重視されているという問題である。そのため強姦罪の成立には，貞操を守りきれないほどの暴力があったうえでの性器結合が要件となり，実際の刑事裁判においては，被害女性の貞操観念やそれを守ろうとする抵抗の度合いが追及される。被害者の職業やこれまでの性経験を根拠に無罪となった事例も少なくない（東京地判平6・12・16判時1562号141頁など）。

このように，強姦罪をめぐる裁判では，被害者の性モラルが判決に少なからず影響する。強姦罪が女性の被害のみを定めているのは，男女の肉体的な違いに基づくもので，合理的な別異取扱いであると捉えられてきたが，女性被害のみを想定した背景には，社会における性の二重基準（性について男性には放縦を認め，女性には受動的な貞淑さを求める）が存在するのではないだろうか。憲法学においても，この視点から，刑法177条が処女性の保護を目的とする限り，違憲性の疑いがあるとする説も見られる（横田耕一「女性差別と憲法」ジュリ819号（1984年）74頁以下）。

また，男性の性被害を軽視している点も問題である。刑法176条は男女双方への加害として強制わいせつ罪を定めるが，その刑は強姦罪に比べ格段に軽い。男性の性被害が存在しないわけではないし，それが深刻でないはずもない

(強制わいせつ罪の認知件数における男性被害は年間約200件。「男性は性的な被害に遭うはずがない」という社会的な偏見もあるため，暗数も多いと思われる)。

欧米諸国では，強姦罪を「性的結合」という狭い視野でとらえるのではなく，性的自由に対する侵害，すなわち「性暴力」として捉え直す動きが進められている。そこでは，被害者は女性のみでなく男性も含まれ，被害者の性中立化が実現している。日本でも，「性的自由への侵害＝性暴力」として，性別に偏りのない形での立法論が必要である。

Ⅲ　展　開　　　　　　　　　　　　　　*Application*

1　男女の賃金格差と裁判

交通事故によって後遺障害を負わせた加害者に対し，被害者が裁判所を通じて損害賠償を請求する場合，被害者が失った利益（働いていれば得られたであろう利益＝逸失利益）を含めて損害賠償額が算定される。このとき，女子年少者の死亡や後遺障害に関して，女性の賃金センサス（賃金統計）を用いて逸失利益を算定すれば，男子年少者に比べて額が小さくなってしまう。男女間に賃金格差が存在するからである。

これに対して，仕事による事故などが原因で外貌(がいぼう)（頭部・顔面部・頸部等の日常露出する部分）に傷が残った場合，労災保険から「障害補償給付」が支給される。その傷が「醜状を残す」程度に至った場合，職業によっては不利益が生じると考えられるからである。この外貌障害に関する認定においては，男性の外貌は，女性の外貌よりも軽視されてきた。つまり，男性が仕事上の事故で外見に傷跡を残した場合，女性が傷跡を残した場合よりも給付が少なかったのである。労働災害については，労働者災害補償保険法の施行規則に定める障害等級表に基づいて障害認定が行われるが，外貌障害について，等級表の基準は，2011年の改正まで男性の方が女性よりも低かったからである。たとえば，「女性の外貌に著しい醜状を残す」といった状況に対して障害認定は第7級，「男

改正前		改正後	
障害等級	身体障害	障害等級	身体障害
第7級	12　女性の外貌に著しい醜状を残すもの	第7級	12　外貌に著しい醜状を残すもの
第9級	――	第9級	11の2　外貌に相当程度の醜状を残すもの（新設）
第12級	13　男性の外貌に著しい醜状を残すもの	第12級	13　削除
	14　女性の外貌に醜状を残すもの		14　外貌に醜状を残すもの
第14級	10　男性の外貌に醜状を残すもの	第14級	10　削除

性の外貌に著しい醜状を残す」場合では第9級とされていた。

事例に挙げた1）において裁判所は，逸失利益の算定において全労働者の全年齢平均賃金を用いるべきだと判断した。名古屋高裁は「近時の法制度や社会環境，意識の変化等，女性の就労環境をめぐる動向に鑑み」て，「様々な個体差の中で性差のみに着目して基礎収入を算定することには，もはや合理的な理由は見出しがたい」と述べ，原審の判断を変更したのである。

また，2）の京都地裁判決では，「年齢や職種，利き腕，知識などが障害の程度を決定する要素となっていないのに，性別だけ大きな差が設けられている。この差を合理的に説明できる根拠は見当たらず，性別により差別的扱いをするものとして憲法14条違反と判断せざるを得ない」として，男性の請求を認めた（京都地判平22・5・27労判1010号11頁）。この事例は法律における男性差別の例であるが，国は控訴を断念し，2011年2月，労働基準法施行規則および労働者災害補償保険法施行規則が改正され，上の表のように障害等級の男女差の解消などが行われた。

このように近年の裁判所の判断には，法律やその運用において男女差別やジェンダーの視点に配慮したものもみられる。しかしながら，逸失利益については，年少女児の逸失利益を全労働者の全年齢平均賃金をもとに算定したとしても，男性の平均賃金には及ばないため，男女の逸失利益が完全に同等にならないという問題もある。この点に果敢に挑戦したのが，**事例**3）の京都地裁における原告の主張である。裁判所は，男女の賃金格差が縮小傾向にあるとはい

え，将来，亡くなった女児が稼動する頃に，女子の平均賃金が男子と全く同等になるとまでは必ずしもいえないとし，全労働者平均賃金を採用することが妥当だと判断している。

　また，近年の判決においても，逸失利益の算定について，すべての事例が全労働者平均賃金を用いるべきだと判断しているわけではない。2歳の女児がトラックにはねられて死亡し，遺族である両親が，運転手とその使用者に損害賠償請求をした事案において，仙台地裁は「近時において男女共同参画社会や男女雇用機会均等法施行といった社会情勢や法制度等に変化が生じてきているところではあるが，本件事故発生当時の男女の賃金格差が将来どの時点で解消されるかを予想するのは不可能である」と述べ，逸失利益の算定では性別に応じた平均賃金を用いるべきとの判断をしている（仙台地判平20・10・22）。

2　専門職におけるジェンダー・バイアス

　このように，裁判所においては，時にしてジェンダーの視点に配慮のない判断がなされる。逸失利益に関する問題だけではない。セクハラ・強姦罪などの性暴力，離婚の裁判においても，ジェンダー規範や性別役割分業観による偏見が見られ，これについては，「司法におけるジェンダー・バイアス」として問題視されている。人権救済の砦である司法においてジェンダー・バイアスが存在することは，救済を求める市民に人権侵害をもたらすことを意味するからである。

　そもそも，このような偏見や差別は，なぜ起こるのだろうか。法曹人口における男女比率も一要因であると言われている。確かに，裁判官における女性比率は16.5％（2010（平成22）年）と決して高くない。もちろん，女性裁判官のすべてがジェンダーに繊細な視点を持つわけではなく，男性裁判官のなかにもジェンダー・バイアスがもたらす問題に理解の深い人もいる。しかし，男性と女性に違いがある以上，両性の裁判官による経験や価値観が共有されることは，司法に救済を求める市民にとって有益であると思われる。

　日本は，高等教育の在学率に男女差の小さい国である。国際的な比較においても，高等教育を受ける機会について性別による差が小さいのである。それに

もかかわらず，立法・政策決定に関与する国会議員や司法を担う法曹人口の男女比率を見ると，あまりにも大きな偏りがある。研究者に占める女性割合については，男女共同参画白書で比較される36国中最下位である。国の最高法規である憲法において性別による差別が禁止され，教育を受ける機会についても男女差の少ない日本において，なぜこのような実態があるのだろうか。

とりわけ近年，政策・方針決定過程への女性参画の拡大は，重要な課題であるとされる。2010年12月に閣議決定した第3次男女共同参画基本計画でも「早急に対応すべき」課題に位置付けられている。ヨーロッパ諸国では，何らかのポジティブ・アクション（積極的差別是正政策）を講じたことにより，女性の政治参画に成果が認められる。イギリス・ドイツ・北欧などにおけるクオータ制（ある一定の割合で男性・女性ともに存在するよう定める割当制），フランスにおけるパリテ選挙法（候補者を男女半々とするよう政党に義務づける選挙法）の導入などが一例である。女性差別撤廃条約4条1項においても，「締約国が男女の事実上の平等を促進することを目的とする暫定的な特別措置をとることは，この条約に定義する差別と解してはならない」とされており，日本でも男女雇用機会均等法をはじめ，このような政策のあり方について模索されている。

〔参考文献〕
辻村みよ子『憲法とジェンダー』（有斐閣，2009年）
第二東京弁護士会両性の平等に関する委員会／司法におけるジェンダー問題諮問会議編『事例で学ぶ司法におけるジェンダー・バイアス〔改訂版〕』（明石書店，2009年）
田村哲樹＝金井篤子編『ポジティブ・アクションの可能性』（ナカニシヤ出版，2007年）
辻村みよ子『ジェンダーと法〔第2版〕』（不磨書房，2010年）

【立石直子】

第10章　平和主義

非軍事平和主義に，もはや可能性はないのだろうか

I　事　例　　　　　　　　　*Starting Point*

　日本国憲法は9条を中心に，非軍事平和主義を定めている。それゆえかつてより自衛隊や駐留米軍の存在自体が問題とされてきた。ところで，2010年12月17日，「防衛計画の大綱」（以下「大綱」）が閣議決定された。「防衛計画の大綱」とは，5年ないし10年をスパンとした防衛政策の基本方針で，今回は2004年12月の小泉内閣以来のものである。

　2010年の「大綱」によると，我が国の安全保障には，①我が国の平和と安全及び国民の安心・安全を確保すること，②アジア太平洋地域の安全保障環境の一層の安定化とグローバルな安全保障環境の改善により脅威の発生を予防すること，③世界の平和と安定及び人間の安全保障の確保に貢献すること，という3つの目標があるという。そして，「我が国の安全保障における基本理念」として，「我が国は，日本国憲法の下，専守防衛に徹し，他国に脅威を与えるような軍事大国にならないとの基本理念に従い，文民統制を確保し，非核三原則を守りつつ，節度ある防衛力を整備するとの我が国防衛の基本方針を引き続き堅持する。同時に，我が国は，国連平和維持活動や，人道支援・災害救援，海賊対処等の非伝統的安全保障問題への対応を始め，国際的な安全保障環境を改善するために国際社会が協力して行う活動（以下「国際平和協力活動」という。）により積極的に取り組む」と述べる。

また「大綱」は，安全保障環境の現状認識として，グローバルな次元では，大量破壊兵器や弾道ミサイルの拡散，国際テロ組織・海賊行為等，さらに海洋・宇宙・サイバー空間の安定的利用に対するリスクが課題だという。アジア太平洋地域では，北朝鮮の軍事的動きを「喫緊かつ重大な不安定要因」と，中国の動向を「地域・国際社会の懸念事項」と位置づける。そして，我が国が，外国からの食糧・資源や海外の市場に多くを依存していることから，「我が国の繁栄には海洋の安全確保や国際秩序の安定等が不可欠である」という。もっとも，「大規模着上陸侵攻等の我が国の存立を脅かすような本格的な侵略事態が生起する可能性は低い」との認識も示している。

　今回の「大綱」の特徴は，防衛力を保持することで抑止効果をねらった「基盤的防衛力構想」を改め，「動的防衛力」なる新たな概念を導入したことである。「動的防衛力」とは，平素から偵察活動等の運用により我が国の高い防衛力を明示することで抑止力の信頼性を高めるとともに，アジア太平洋そしてグローバルな安全保障環境改善のための活動を能動的に行いうる動的なものだ，という。このように「大綱」の主眼は，「国際平和協力活動」にあるといえ，それゆえ「日米同盟を新たな安全保障環境にふさわしい形で深化・発展させていく」と述べるのである。

　この「大綱」は，9条を中心とした非軍事平和主義と，一見しただけで矛盾するように思われる。では，日本国憲法の平和主義は戦後，どのように解釈・運用されてきたのだろうか。そして今日，非軍事平和主義に可能性はないのだろうか。

II　講　義　　　　　　　　　　　　　　　*Knowledge*

1　日本国憲法の平和主義

（1）**平和主義の意義**　　日本国憲法前文2項は，平和への強い決意とともに平和構築のスタンスを表明している。第1に，「平和を愛する諸国民の公正と

信義に信頼して，われらの安全と生存を保持しようと決意した」と，「信頼の原則」に立脚することを謳う。「攻められたらどうするのか」と不信を出発点にするのではなく，そもそも「攻められる」などを問題にするまでもないよう，諸国民との信頼関係を築くことに全力を傾注する，と決意したのである。第2に，「われらは，全世界の国民が，ひとしく恐怖と欠乏から免かれ，平和のうちに生存する権利を有することを確認する」と述べ，平和的生存権を宣明する。いうまでもなく「権利」とは，多数決決定に対抗しうることを特質とするが，憲法は平和の問題を「権利」問題と把握した。そうすることで訴訟提起への可能性を開いたのである。

この前文の精神を受けて，9条の1項で戦争と武力による威嚇・武力の行使の放棄を，2項では戦力の不保持と交戦権の否認を宣言する。徹底した非軍事平和主義といえよう。なお一般に，「戦争」が宣戦布告による国際法上のそれをいうのに対し，「武力の行使」とは満州事変のように宣戦布告なしで行われる事実上の戦争をいう。

（2）**歴史的背景**　このような非軍事平和主義は，15年にわたる侵略戦争でアジアの人々に多大な被害を及ぼし，また日本国民自らも核兵器の被害をはじめ悲惨な体験をしたことへの反省に基づく。その意味では，特殊日本的といえるが，同時に世界史的な非軍事に向けての動きを踏まえており，その延長線上に位置づけることもできる。

戦争放棄を規定したものとしては，古くは「フランス国民は制服の目的をもって，いかなる戦争をも行うことを放棄し，また，いかなる人民の自由に対しても，武力を行使しない」と定めた1791年フランス憲法がある。そして，第一次世界大戦後には，国際連盟規約（1919年）が戦争を制限し，1928年の戦争抛棄に関する条約（不戦条約）は，「国際紛争解決の為戦争に訴ふることを非とし，……国家の政策の手段としての戦争を抛棄する」と宣言している。もっとも国際法上，「国際紛争を解決する手段としての戦争」や「国家の政策の手段としての戦争」とは，侵略戦争を意味するとされていた。第二次世界大戦後には，国連憲章が，原則として加盟国の武力行使と武力による威嚇を禁じたうえで（2条4），自衛権発動としての武力行使を，現実の武力攻撃が発生した場合

で安全保障理事会が必要な措置をとるまでの暫定的なものに限って認めている（51条）。もっとも国連憲章は，42条で集団的安全保障にもとづく強制措置を規定するように，「軍事による平和」を当然視している。1946年のフランス第4共和制憲法，48年のイタリア憲法，72年の大韓民国憲法なども戦争放棄の規定を設けているが，これらはすべて，侵略戦争の制限ないし放棄にとどまる。

　ところで，憲法9条の戦争放棄条項に対し，「占領下にGHQのマッカーサーに押しつけられた」との批判がしばしばなされる。憲法制定過程期の1946年2月3日にマッカーサーがGHQのスタッフに提示した3原則（マッカーサー・ノート）に「戦争の放棄」があることをその根拠とするが，軍備の撤廃という考えは，実はその直前の1946年1月24日に，幣原喜重郎がマッカーサーに示したとされる。原子爆弾の脅威を目の当たりにした幣原は，たとえば「日本が戦争を放棄して他国も之について来るか否かに付いては余は今日直ちにそうするとは思わぬが，戦争放棄は正義に基づく正しい道であって日本は此の大旗を掲げて国際社会の原野を単独で進んで行くのである」（1946年3月20日枢密院）と述べるよう，理想主義的主張を展開していたのである。当時は，ソ連やオーストラリア等が天皇の戦争責任を問おうとしていた時期であり，天皇を戦犯から除外することに苦心していたマッカーサーが，幣原の理想を政治戦略として憲法に盛り込んだものと解されている（古関彰一『「平和国家」日本の再検討』岩波書店，2002年参照）。

2　安全保障政策の変遷と政府見解

　（1）　再軍備の開始　　憲法制定過程での政府の9条解釈は，当時の吉田茂首相が「戦争抛棄に関する本案の規定は，直接には自衛権を否定して居りませぬが，第9条2項に於て一切の軍備と国の交戦権を認めない結果，自衛権の発動としての戦争も，又交戦権も抛棄したものであります。従来近年の戦争は多く自衛権の名に於て戦はれたのであります。満州事変然り，大東亜戦争又然りであります」（1946年6月26日衆議院本会議）と答弁したように，日本も自衛権はもつが，9条2項の戦力不保持規定により自衛戦争もできない，というものであった。そして憲法制定当初，日本政府は9条に基づき非軍事の立場をとって

いた。

　しかし，東西「冷戦」が激化するなか，中華人民共和国の成立（1949年），朝鮮戦争の勃発（1950年）をうけ，アメリカは対日占領政策を変更する。1950年，マッカーサーが警察予備隊の創設を指令することで日本の再軍備はスタートする。政府は，予備隊はその目的・能力からみて憲法の禁じる「戦力」にはあたらず，もっぱら治安維持用の「警察」力だと説明した。1951年，日本は「西」側との「片面講和」という形でサンフランシスコ平和条約を締結して独立を回復するとともに，日米安全保障条約を締結して米軍の駐留を受け入れる。

　1952年，警察予備隊は保安隊・警備隊に発展改組されるが，そのさい政府は，「戦力」を近代戦争遂行に役立つ程度の装備・編成を備えたものだとし，保安隊・警備隊は近代戦争遂行能力をもたず戦力にあたらないとした。

　1954年に日米相互防衛援助協定（MSA協定）が結ばれ，日本は防衛力増強の義務を負うこととなり，保安隊・警備隊は自衛隊へと改組された。自衛隊は，「我が国の平和と独立を守り，国の安全を保つため，直接侵略及び間接侵略に対し我が国を防衛することを主たる任務」とする（自衛隊法3条1項）と，防衛目的を正面から掲げる組織である。それに対し政府は，「憲法は自衛権を否定していない。自衛権は国が独立国である以上，その国が当然に保有する権利である」との統一見解を示したうえで，自衛のためとはいえ「戦力」を持つことは憲法上禁じられているが，「自衛のための必要最小限度の実力」（自衛力）をもつことは9条に違反せず，自衛隊は「自衛のための必要最小限度の実力」であって，「戦力」ではないとした。また政府は，自衛のための実力の行使について，①我が国に対する急迫不正の侵害があること，②これを排除するために他の適当な手段がないこと，③必要最小限度の実力行使にとどまるべきこと，の3要件を示している。このようななか，自衛隊は「専守防衛」に徹するとの原則が確立し，参議院では「自衛隊の海外出動を為さざることに関する決議」も出されている（1954年6月6日参議院本会議）。

　（2）　**日米新安保体制**　　1960年，岸信介内閣は安保反対闘争を押しきり，新安保条約を締結した。この条約は「日本国の施政の下にある領域における，いずれか一方に対する武力攻撃」があった場合の日米共同対処を規定し（5条），

また米軍の日本駐留は日本防衛のためだけでなく、「極東における国際の平和及び安全の維持に寄与するため」だ（6条）、とする。そのため、米軍が極東でおこした戦争に日本が自動的に巻き込まれる危険性が指摘されることになる。しかし政府は、条約6条付属交換公文に基づく事前協議制度を根拠に、その危険性はないとした。米軍の配置や装備の重要な変更、日本からの戦闘作戦行動などが日米両政府間の事前協議の対象となるというのだが、現実には一度も開かれていない。

　1960年以来、日米安全保障条約自体は改定されないものの、日米間の軍事協力関係は実質的変化を遂げている。1978年に策定された日米防衛協力のための指針（「ガイドライン」）により、日本の軍事行動の要件は「日本以外の極東における事態で日本の安全に重要な影響を与える場合」にまで、拡大されている。またこれ以降、日米共同作戦研究や共同演習、在日米軍の駐留経費の負担増額など、日米関係の強化が進められていく。

　（3）「冷戦」の終結と自衛隊の海外活動　　1989年11月に「ベルリンの壁」が崩壊し、12月には米ソ首脳によるマルタ会談が行われて、「冷戦」は終結した。しかし、1991年には湾岸戦争が勃発し、これを契機に日本の「国際貢献」として自衛隊の海外活動を求める議論が高まる。もっとも、この議論の背後には、「冷戦」後に唯一の超大国として世界秩序を維持することになったアメリカの要請と、1980年代後半からアジア諸国を中心に海外進出を始めた日本の財界からの要請があったとされる。政府は、湾岸戦争終結後に海上自衛隊の掃海艇をペルシャ湾に派遣し、1992年には国連平和維持活動（PKO）等協力法を成立させて、以後、カンボジア・モザンビーク・東ティモールなどに自衛隊を派遣している。

　「冷戦」の終結によって存在理由のなくなったはずの日米安保体制に新たな意義づけを行ったのが、1996年の日米安保共同宣言である。そこでは、日米防衛協力によって「アジア・太平洋地域」の安全を担うとされた。1997年、新しい防衛協力のための指針（「新ガイドライン」）が策定され、これを実施するために周辺事態法などガイドライン関連法が制定される。これにより、「日本周辺地域で日本の平和と安全に重要な影響を与える事態（「周辺事態」）」に際して、

自衛隊は米軍の軍事行動を後方支援（物資の補給・輸送，兵員の輸送，傷病者の治療，通信，空港・港湾の提供・整備等々の活動）し，さらに地方自治体や民間に対し協力を依頼できるようになった。これまでは日本が直接武力攻撃を受けた場合に限られていた日米共同対処行動が，「周辺事態」にまで拡大されたのである。また，その「周辺」とは，地理的に限定されたものではなく，かつての「極東」という歯止めをも大きく踏み越えることになった。

2001年9月にアメリカで同時多発テロがおこると，アメリカはその首謀者をかくまっているとして，アフガニスタンへの攻撃を始めた。これをうけて日本政府は，11月にテロ対策特別措置法を制定し，米軍支援のために海上自衛隊をインド洋に派遣する。ここで周辺事態法のいう「我が国周辺」という限界が突破されたのである。また2003年3月，米軍等は国連安全保障理事会の決議のないなか，イラクが大量破壊兵器を保持しているとして，攻撃を開始した。そして日本政府は，イラク復興支援特別措置法を制定して，戦時下の他国領土に初めて自衛隊を派遣した。自衛隊は，給水や道路補修など非軍事の人道復興支援活動と，米軍等への燃料補給や兵士輸送といった安全確保支援活動を行った。

その一方で，2003年には武力攻撃事態法など有事関連3法が制定され，武力攻撃が発生したり武力攻撃が予測される事態に際しての，国や地方自治体，公益的事業を営む指定公共機関等の責務，さらには国民の協力もが定められた。また，2004年にはこれらを補完する国民保護法や米軍行動円滑法など有事関連7法が制定されている。2006年には自衛隊法の改定により，これまで付随的任務であった自衛隊の海外活動が本来任務とされるようになった。さらに2009年には，「海賊対処法」が成立し，海上自衛隊がソマリア沖に派遣されるなど，自衛隊の活動範囲は大幅に拡大している。

（4）憲法9条の規範力と改憲論　　自衛隊の海外活動の拡大や米軍との一体化が顕著なまでに進行しているが，それでも憲法9条が法的統制力を維持している点を軽視すべきではない。その1つが，集団的自衛権は行使できないという原則である。国連憲章51条にあるように，国家は国際法上，集団的自衛権を有するとされていることについて，政府は我が国も主権国家である以上，集団的自衛権を当然有しているが，自国が直接攻撃されていないのであれば，我が

国に対する急迫不正の侵害という自衛権発動の要件を満たすことができず，集団的自衛権は憲法9条のもとでは行使できない，と解している。また，我が国が他国の軍隊等に対して行う後方支援についても，政府は「仮に自らは直接武力の行使をしていないとしても，他国が行う武力の行使への関与の密接性等から，当該他国による武力の行使と一体化し，わが国として武力の行使をしたとの法的評価を受けるような行為を行うことも禁ずる」と解している。そのほか，「核兵器をもたず，つくらず，もちこませず」という非核三原則や，共産圏・国連決議にて武器の輸出が禁止されている国・国際紛争の当事国またはそのおそれのある国に対して武器輸出を認めないという武器輸出禁止三原則などを憲法9条のもとで確立してきたのである。

近年，政党や財界等から改憲論が声高に主張されているが，その主たるねらいは，憲法9条とりわけ2項を改めて，このような規制を突破し，自衛のための戦力保持と，その組織の自由な海外活動を可能にすることにある。たとえば，2005年に発表された「自民党・新憲法草案」では，9条1項について現行憲法を維持しつつ，9条の2を設け，「我が国の平和と独立並びに国及び国民の安全を確保するため，内閣総理大臣を最高指揮権者とする自衛軍を保持する」（1項），「自衛軍は，第1項の規定による任務を遂行するための活動のほか，法律の定めるところにより，国際社会の平和と安全を確保するために国際的に協調して行われる活動及び緊急事態における公の秩序を維持し，又は国民の生命若しくは自由を守るための活動を行うことができる」（3項）としている。現実には，アメリカと「協調」しての海外での軍事活動が想定されているのである。

3　学説と判例

（1）　憲法9条の法理　9条解釈をめぐっては，1項の「国際紛争を解決する手段としては」と，2項の「前項の目的を達するため」の意味を争点として，主要学説は以下の3つに分かれる。1項で「国際紛争を解決する手段としての戦争」が放棄されるが，ここでいう戦争を，国際法上の用語例に従って侵略戦争と解する（A説）か，侵略・自衛を問わず一切の戦争と解する（B説）

か，である。次に２項の「前項の目的を達するため」の理解をめぐって，Ａ説が２つに分かれる。一方が，「正義と秩序を基調とする国際平和を誠実に希求し」の箇所を指す，あるいは戦力不保持の動機を指すとする（Ａⅰ説）のに対し，他方は，侵略戦争放棄という目的を達するため，と理解する（Ａⅱ説）。

その結果，Ａⅰ説は，１項で自衛戦争までは放棄していないが，２項により戦力の保持が禁止され交戦権も否認されている以上，結局，自衛戦争を含むすべての戦争の遂行が不可能だと解する。他方，Ａⅱ説は，２項の交戦権についても，交戦国に認められる国際法上の権利と限定的に解すことで，侵略戦争のための戦力の保持が禁じられているにとどまり，自衛戦争とそのための戦力保持までは禁じられていない，とする。Ｂ説にとって，２項は１項の確認となる。法的効果としてはＡⅰ説とＢ説との間に差異はない。だが，Ｂ説が９条を「正義の戦争はない」という思想の具現化と解している点を，軽視すべきでないだろう。

憲法制定時の議論も踏まえ，Ａⅰ説が通説であり，政府見解もこれをベースにしているようである。もっとも，９条２項の「戦力」をめぐって，多数学説が「外敵の攻撃に対して実力をもってこれに対抗し，国土を防衛することを目的として設けられた，人的・物的手段の組織体」，すなわち「警察力を超える実力」と解し，現在の自衛隊を人員・装備・編成等の実態から「戦力」にあたり違憲とするのに対し，政府は先述の通り，「自衛権」概念を持ち出すことによって，「自衛のための必要最小限度の実力」である自衛隊を合憲とする。

（２）　９条裁判　　９条裁判として古くは，警察予備隊が９条に違反し違憲無効であることの確認を求めて，日本社会党の委員長が最高裁に直接出訴した事件がある（警察予備隊違憲訴訟）。最高裁は，「わが裁判所が現行の制度上与えられているのは司法権を行う権限であり，そして司法権が発動するためには具体的な争訟事件が提起されることを必要とする」とし，「最高裁判所が固有の権限として抽象的な意味の違憲審査権を有すること並びにそれがこの種の事件について排他的すなわち第１審にして終審としての裁判権を有するものと推論することを得ない」と述べて，請求を却下している（最大判昭27・10・8民集6巻9号783頁）。

日米安保条約に基づく駐留米軍をめぐって争われたのが，砂川事件である。1957年，国が米軍の使用する立川飛行場の拡張のための測量を強行した際に，境界内に立ち入った反対派デモ隊の一部が安保条約3条に基づく刑事特別法違反で起訴された。東京地裁は，駐留米軍は憲法9条2項の戦力に該当し違憲であると判示した（東京地判昭34・3・30下刑集1巻3号776頁）。60年安保改定に向けての緊迫した政治状況のなか，国側が跳躍上告をしたところ，最高裁は，「本件安全保障条約は……わが国の存立の基礎に極めて重大な関係をもつ高度の政治性を有するものというべきであって……一見極めて明白に違憲無効であると認められない限りは，司法審査の範囲外のものである」と，いわゆる統治行為論を採用し，安保条約は違憲無効であることが一見極めて明白であるとはいえないとして，原判決を破棄・差し戻した（最大判昭34・12・16刑集13巻13号3225頁）。なお，この判決直前に，最高裁長官と駐米大使との間でやり取りがあったことが後に明らかになっている。

　自衛隊裁判としては，北海道の2つの裁判が有名である。1つは，北海道恵庭町で酪農を営んでいる兄弟が，自衛隊の激しい実弾射撃演習に悩まされ，ついに自衛隊の電信線を切断し，それが自衛隊法121条の防衛用器物損壊罪に違反するとして起訴された事件（恵庭事件）である。札幌地裁は，電信線は自衛隊法121条の「その他の防衛の用に供する物」に該当しないとして被告人を無罪とし，無罪の結論が出た以上，憲法判断に立ち入るべきではないとして憲法判断を回避した（札幌地判昭42・3・29下刑集9巻3号359頁）。もう1つは，当時の防衛庁が長沼町の山林にミサイル基地を建設しようとしたところ，それに反対する地元住民が，基地建設のための保安林指定解除処分の取消しを求めて争った事件（長沼訴訟）である。札幌地裁は，9条を通説学説と同様に解し，自衛隊は9条の禁じる「戦力」に該当し違憲である，と判示した（札幌地判昭48・9・7判時712号24頁）。しかし控訴審は，統治行為論を適用し，自衛隊の憲法適否の問題は司法審査の範囲外にあるとして1審判決を破棄し（札幌高判昭51・8・5行集27巻8号1175頁），最高裁は，取消しを求める訴えの利益は失われたとするだけで，自衛隊の合憲性問題には立ち入らなかった（最判昭57・9・9民集36巻9号1679頁）。

以上のように，最高裁は自衛隊や日米安保条約の合憲性について正面から判断を行っていないが，その後，裁判の中心は，自衛隊の海外活動をめぐるものへと移行する。そのなかで注目すべきは2008年の名古屋高裁判決であろう。市民が自衛隊のイラク派遣の差止め・違憲確認・国家賠償を求めた裁判において，名古屋高裁はこれを棄却しながらも，首都バグダッドを「戦闘地域」と認定し，航空自衛隊の行う安全確保支援活動は「他国による武力行使と一体化した行動」で武力の行使にあたり，「現在イラクにおいて行われている空自の空輸活動は，政府と同じ憲法解釈に立ち，イラク特措法を合憲とした場合であっても，武力行使を禁止したイラク特措法2条2項，活動地域を非戦闘地域に限定した同条3項に違反し，かつ，憲法9条1項に違反する活動を含んでいる」と判示したのである（名古屋高判平20・4・17判時2056号74頁）。

　（3）　平和的生存権　　平和的生存権が，国会や政府を拘束し，国民の運動を支える憲法規範であることは明らかであるが，裁判規範といえるかどうかについては争いがある。長沼訴訟1審判決は，当該処分により地域住民の平和的生存権が侵害ないし侵害される危険がある限り，「その地域住民にその処分の瑕疵を争う法律上の利益がある」とし，さらに「レーダー等の施設基地は一朝有事の際にはまず相手国の攻撃の第一目標になるものと認められるから，原告らの平和的生存権は侵害される危険がある」と述べ，平和的生存権の裁判規範性を認めた。しかし，長沼訴訟控訴審は，「裁判規範としてなんら現実的個別的内容をもつものとして具体化されているものではない」と，その裁判規範性を否定している。

　最高裁は，別の事件（百里基地訴訟）において，「平和主義ないし平和的生存権として主張する平和とは，理念ないし目的としての抽象的概念であって，それ自体が独立して，具体的訴訟において私法上の行為の効力の判断基準になるものとはいえ」ない，とする（最判平元・6・20民集43巻6号385頁）。学説も従来，前文の裁判規範性を認めることの難しさに加え，平和的生存権の中身の抽象性や曖昧性を根拠に，その裁判規範性を消極的に解するものが多かった。

　しかし，「新しい権利」とされる平和的生存権は，国民の意識と自覚的な運動によって生成・確立されるものであり，今日では積極的に解する学説も有力

である。イラク派遣違憲訴訟で名古屋高裁は，平和的生存権を「憲法の保障する基本的人権が平和の基盤なしには存在し得ないことからして，全ての基本的人権の基礎にあってその享有を可能ならしめる基底的権利」だとし，「平和概念の抽象性等のためにその法的権利性や具体的権利性が否定されなければならない理由はない」と述べて，「憲法9条に違反する国の行為，すなわち戦争の遂行，武力の行使等や，戦争の準備行為等によって，個人の生命，自由が侵害され又は侵害の危機にさらされ，あるいは，現実的な戦争等による被害や恐怖にさらされるような場合，また憲法9条に違反する戦争の遂行等への加担・協力を強制されるような場合には……裁判所に対し当該違憲行為の差止請求や損害賠償請求等の方法により救済を求めることができる場合がある」と判示している。

III 展　　開　　　　　　　　　　　　*Application*

1　非軍事平和主義への挑戦

　多数学説はもとより，政府解釈ですら「戦力」をもつことは憲法上禁じられているとすることで，戦後日本社会が軍事的権力を一定程度統制してきたことは事実である。しかし，政府は自衛権概念を持ち出すことによって自衛隊を合憲とし，その組織の実態および活動範囲は凄まじく拡大している。はたして，憲法9条は軍事的権力を有効にコントロールできているのか，との指摘もある。

　自衛隊違憲論という多数説に対し，国民の防衛サービスとして自衛のための実力組織の保持を容認する「穏和な平和主義」という学説が登場してくるのも，このような文脈においてであろう。「穏和な平和主義」を説く長谷部恭男によると，防衛サービスの問題については，情報が十分提供されないなど民主的決定に馴染まないので合理的自己拘束が必要だとして，9条改憲に反対する。だが，通説のような非軍事平和主義（絶対平和主義）は，「平和の実現や回

復につながるか否かという帰結主義的考慮とは独立」した「善き生き方」(道徳的選択)に基づくものだと批判する。前提には,非軍事平和主義に対する,「ある地域を実力で防衛する意思がないという誤ったシグナルを相手方に送る」という否定的診断があるようである(長谷部恭男「平和主義と立憲主義」ジュリ1260号(2004年))。だが,9条の非軍事平和主義とは単なる道徳的選択なのだろうか。

さらに重要な今日的問題は,「防衛」概念の距離軸が「国土」防衛から「国益」防衛へとシフトしていることである。「防衛計画の大綱」は,「我が国の繁栄には海洋の安全確保や国際秩序の安定等が不可欠」だとし,そして「国際平和協力活動」に「より積極的に取り組む」と,あたかもそれが規範的要請であるかのように表明して「動的防衛力」を強調する。だが,我が国の「国益」のために,「グローバルな安全保障環境の改善」と称して,米軍と一緒になって軍事活動を進めることが憲法の要請とは到底考えられない。もちろん,人道支援・災害救援を含む「国際平和協力活動」のすべてが禁じられるわけではないが,その活動の性格と主体についての丁寧な吟味と「仕分け」が必要なはずである。

2　憲法前文と9条との一体的理解

「信頼の原則」に立脚する日本国憲法は,安全保障について無気力・無関心なのではなく,諸国民との信頼関係を形成することで日本国民の平和と安全を保持すべく,政府に要請しているのである。そして憲法前文は,「全世界の国民」の平和的生存権の保障を,「専制と隷従」,「圧迫と偏狭」,「恐怖と欠乏」を克服するなかで実現すべきとする。紛争やテロの根本原因は貧困であり,その貧困をグローバル化した熾烈な競争が拡大させているとされる。さらには,環境悪化や資源の枯渇,災害の恐怖といった問題も重大である。そしてこれらへの対応は,基本的に非軍事の活動である。憲法前文と9条とを一体的に解するならば,日本は,非軍事平和主義の利点を生かして,全世界の国民の平和的生存権の実現に向けて真摯に取り組む。そうすることで,諸国民との信頼関係を築き,非軍事のもとでの日本国民の平和と安全を確保する,ということ

であろう。

　2011年3月11日の「東日本大震災」を経験した日本国民は、本来、政府のなすべきこととは何なのかを改めて問い直す状況にある。自衛隊や日米安保体制のあり方も問われなければならない。憲法学説のなかには、自衛隊を一度「解いた」うえで、国際災害救援組織や警察・海上保安庁機能の強化といった憲法の平和主義に見合った組織に編み直すべき、との構想もある（水島朝穂「自衛隊の平和憲法的解編構想」深瀬忠一ほか編『恒久世界平和のために』勁草書房、1998年）。9条の規範的統制力の評価にとどまらず、非軍事平和主義の現実的可能性についても論じていくべきではなかろうか。

〔参考文献〕
山内敏弘『平和憲法の理論』（日本評論社、1992年）
深瀬忠一ほか編『恒久世界平和のために』（勁草書房、1998年）
古関彰一『「平和国家」日本の再検討』（岩波書店、2002年）
上田勝美『立憲平和主義と人権』（法律文化社、2005年）
小林武『平和的生存権の弁証』（日本評論社、2006年）

【奥野恒久】

第11章　国民主権と天皇制

民意の反映とは何か

I　事　例　　　　　　　　　　　　　　　　*Starting Point*

　2010年参院選民主党の「マニフェスト」は，衆院比例定数の80削減，参院定数40削減であった。これは，消費税10％へ引上げの前提として，「国会議員が自らの身を削る姿勢を示す」として提起されたものであった。2009年総選挙の民主党「マニフェスト」は，比例定数の削減を「ムダづかい」の項目で取り上げていた。国会中継を見ていると「居眠り，雑談，ケータイなどをいじっている」議員が散見され，また，昨今のいわゆる小泉チルドレン，小沢ガールズなどを見ていると，確かに，「無駄な議員」という議論にはそれなりの説得力があり，広く国民的にも受け入れられる素地があるといわざるをえない。

　しかし，09年総選挙時の民主党政策集「INDEX2009」をみると，比例定数の削減は，「無駄の削減」ではなく，「政権選択の可能な選挙を実現するため，小選挙区選挙をより重視する観点から，衆議院の比例議席180中，80議席を削減します」とされている。「本音」はいうまでもなくこちらであろう。というのも，「無駄の削減」であれば，小選挙区の定数削減でもかまわないわけであるが，民主党が主張するのは，あくまで比例定数の削減である。比例定数の80削減により，09年総選挙結果に基づく試算によると，民主党は，42％の得票率で，69％の議席率，3分の2を超える議席を獲得するとされる（坂本修ほか『国会議員定数削減と私たちの選択』新日本出版社，2011年，13頁以下）。

比例定数削減によるさらなる小選挙区制への傾斜でよいのか，日本国憲法の国民代表原理にふさわしい民意の反映の仕方，選挙制度の在り方とは何なのであろうか。

II 講義　　　　　　　　　　　　　　*Knowledge*

1　国民主権

（1）主権の意味　国民主権原理は，日本国憲法の3大原理ともいわれる重要な基本原理であるが，その意味をめぐっては様々な議論がある。

主権という用語は，16世紀にフランスのJ.ボダンによって理論化された。近世の絶対王政形成期において，国王権力の確立を目指し，一方で，対外的には，ローマ法王，神聖ローマ皇帝からの独立を，他方で，対内的には，封建領主からの独立を達成することが意図された概念である。

主権には，以下の3つの意味があるとされる。第1の意味は，主権を国家権力そのもの，統治権ととらえるもので，ポツダム宣言8項が，「日本国ノ主権ハ本州，北海道，九州及四国並ニ吾等ノ決定スル諸小島ニ局限セラルベシ」という場合の主権は，この意味に当たる。第2の意味は，国家権力の最高独立性を意味する用法で，日本国憲法前文の「自国の主権を維持し」という場合の主権がこれに当たる。第3の意味は，国の政治の在り方を最終的に決定する力または権威という意味で，憲法前文の「ここに主権が国民に存することを宣言し」や憲法1条の「主権の存する日本国民の総意」という場合の主権がこの意味に当たる。

（2）国民の意味　つぎに，国民主権にいう国民とは何かについては，2つの異なった理解が存在する。第1のとらえ方は，国民を抽象的・観念的な国籍保持者の総体ととらえる考え方で，フランス憲法学でいうナシオン（nation）と理解するものである。この場合の国民は，抽象的，観念的な存在で，ナシオンの場合には，赤ん坊を含め意思決定能力のない人々も含める概念である（過

去の国民や将来の国民も含むと考える立場もある）。具体的で生身の人間ではないので，自ら主権を行使することができない。主権の行使は，国民代表に委ねられることになり，主権の保持者と主権の行使者が分離されることになる。

　第2のとらえ方は，国民を政治的意思決定能力を有する具体的な市民の総体ととらえる考え方で，フランス憲法学でいうプープル（peuple）と理解するものである。プープルの場合には，国民は社会契約参加者，有権者ということになり，主権の行使が可能となり，主権の保持者と行使者が分離しない。

（3）　国民主権の意味
・ナシオン主権

　国民主権の国民をナシオンととらえるナシオン主権においては，国民が主権を直接行使できるわけではないので，「主権が国民に存する」という国民主権の意味は，国家権力の究極的な正当性が国民にあるという，権力の正統性原理，国政の最高権威を指し示すものになる（正当性の契機）。

　ナシオン主権においては，直接民主制は否定され，代表民主制が採用され，主権は国民代表たる国会議員によって行使される。議員は全国民の代表であって，個々の選挙区の代表ではなく，議員に対し訓令を与える命令的委任は禁止され，有権者の意思に拘束されず，議会における発言・表決の自由，免責特権が付与され，いわゆる純粋代表（政治的代表）と呼ばれる。

　ちなみに，イギリスの政治家エドマンド・バークは，有名な1774年の「ブリストル演説」において，「代議士はそれぞれの選挙区から選出されるが，いったん議会に議席を占めれば，全国民の代表であって，自己の良心に従って，国民全体の利益を基準として判断しなければならない」と述べ，このことを端的にいいあらわしている。

・プープル主権

　国民主権の国民をプープルととらえるプープル主権においては，国民が直接主権を行使することが可能であるから，「主権が国民に存する」という国民主権の意味は，国家権力そのもの，国政の最高決定権が国民にあることを意味するものとなる（権力性の契機）。

　プープル主権においては，有権者の主権行使が可能であるので，国民投票な

どの直接民主制が原則となり，代議制が採用されるとしても，それは直接民主制をあくまで補完するものにすぎない。国会議員は有権者の意思に拘束され，命令的委任が当然となり，国民に議員罷免権が与えられ，訓令違反の議員は罷免されることとなる。

通説は，日本国憲法の国民主権原理には，正当性の契機（すなわち，国民を抽象的・観念的な国籍保持者の総体ととらえる）と権力性の契機（すなわち，政治的意思決定能力を有する具体的な市民の総体ととらえる）との「2つの側面が併存」していると解している。

（4）**日本国憲法の国民主権**　ナシオン主権に対しては，主権原理を正当性の問題に矮小化するあまりに内容空疎なもので，君主主権を否定するものにすぎないとの批判がなされる。また，フランス革命期において，ナシオン主権原理の下で，制限選挙が導入され，国王も国民代表とされるなど，ナシオン主権原理はブルジョアジーによる権力の独占を正当化する理論であったともいえる。

その後，労働者階級による普通選挙の要求が実現するようになると，個々の議員は再選を期待するがゆえに，事実上，ある程度，有権者の意思に拘束されるようになり，議会は有権者の意思を反映すべきだという社会学的代表，半代表制へと変化した。しかしながら，これはあくまで事実上の変化であり，法的にみれば，依然として，命令的委任の禁止，免責特権が維持されている。

日本国憲法は，こうした過程，すなわち，ナシオン主権からプープル主権への過渡期にあるといえ，ナシオン主権原理に適合的な規定とプープル主権に適合的な規定とが併存している。

ナシオン主権に適合的な規定としては，①憲法前文の「日本国民は，正当に選挙された国会における代表者を通じて行動し」，「その権力は国民の代表者がこれを行使し」の部分，②憲法43条1項の「両議院は，全国民を代表する選挙された議員でこれを組織する」の部分，③51条「両議院の議員は，議院で行つた演説，討論又は表決について，院外で責任を問はれない」とする免責特権，である。

これに対し，プープル主権に適合的な規定としては，15条1項の「公務員を

選定し，及びこれを罷免することは，国民固有の権利である」として罷免権を認めている部分，79条2項の最高裁判所裁判官国民審査，95条の特別法の住民投票，96条の憲法改正国民投票の直接民主制の規定がこれに当たる。

2　代表民主制と選挙制度

日本国憲法は，すでに述べたように，前文において「日本国民は，正当に選挙された国会における代表者を通じて行動し」，「その権力は国民の代表者がこれを行使し」と規定し，代表民主制を採用することを基本とすることを明らかにする。代表民主制国家においては，選挙制度の具体的ありようがその国の国民主権実現の程度を規定するといえる。

選挙区制は，選挙区の定数，投票の方法（単記，連記，名簿式）の組み合わせによって様々な類型があるが，代表法の観点からは，多数代表制，少数代表制，比例代表制に大別することができる。

多数代表制は，議員の選出を選挙区の多数派に委ねる制度で，典型は小選挙区制である。小選挙区制の長所は，一般に，二大政党制を助長し，安定政権を導くことにあるとされる。短所は，少数意見が反映されないことにある。

少数代表制は，多数派のみならず，一定の少数派にも代表選出の機会を与える制度で，制限投票制，累積投票制がその典型であり，かつての日本の衆議院選挙で採用されていた中選挙区制は制限投票制の一種である。中選挙区制は，「準比例代表制」とも称され，得票率と議席率が比較的一致するといわれるが，選挙が個人中心になりがちであるとも批判され，日本においては，このことが派閥政治，金権腐敗政治の原因となったともいわれる。

比例代表制は，得票率に応じて議席を配分する制度である。長所としては，議会に民意の縮図を作りだすことにあるとされるが，短所としては，小党分立を招き，政局を不安定化し，政党の離合集散によって政権が構成されることにあるとされる。

以上の長所・短所は，一般的な傾向を示したもので，小選挙区制が二大政党制を，比例代表制が小党分立を必然的にもたらすわけでもない。政治状況の相違によって異なった作用をもたらすこともある。

1994年に公職選挙法の改正により小選挙区比例代表並立制が導入された。導入当初は小選挙区300，比例代表200，6対4の比率で，もともと小選挙区制に傾斜していたが，2000年には比例代表の20削減が行われ，さらに小選挙区制に傾斜した。

3　天皇制

（1）天皇の地位　日本国憲法は，国民主権原理の例外として天皇制を定めている。天皇制は，憲法14条の平等原則とも対立する。天皇制は，近代立憲主義の重要な原則である国民主権と平等に対立するものであるので，限定的に運用なされなければならず，不用意な権限拡大につながらないよう注意が必要である。

大日本帝国憲法は，1条において「大日本帝国ハ万世一系ノ天皇之ヲ統治ス」と規定し，天皇の地位は天照大神の神勅によって先祖から受け継いできたとするものであった。日本国憲法は，こうした神勅主義を否定し，天皇の地位を，「主権の存する日本国民の総意に基く」（1条）ものとした。

そして，天皇は，「日本国の象徴であり日本国民統合の象徴」（1条）であるとされる。象徴とは，抽象的で無形なものを，具体的で有形なもので表すことで，平和を鳩が象徴するようなものである。君主には元来象徴性があるといえようが，実権がある場合は象徴性は後景に退くといえる。象徴天皇制は，後述するように，「国政に関する権能を有しない」とした結果，象徴性が前面に出てきたといえるが，重要なことは，象徴性しか有さないということである。

（2）皇位の継承　憲法2条は，「皇位は，世襲のものであ」るとする。そして，皇室典範は，1条において「男系男子」主義を採用し，女性天皇，女系天皇を否定する。これを憲法14条の性別による差別とする見解も存在するが，そもそも天皇制自体が憲法14条の平等原則の重大な例外である。

（3）天皇の権能　「天皇は，この憲法の定める国事に関する行為のみを行ひ，国政に関する権能を有しない」（4条1項）。国事行為は，6条1項，2項，7条，4条2項に列記されており，国政に関係のない形式的・儀礼的行為である。例えば，6条1項の天皇による内閣総理大臣の任命は，「国会の指名に基

いて」行われるのであって，実質的決定権は天皇ではなく，国会にある。

　なお，天皇が君主か，元首かについて触れておく。君主を，①世襲であること，②統治権の一部を有していること，と定義すれば，天皇は統治権への関与が認められていないので，君主とはいえないことになる。ただし，他国の現代の君主も，ほとんど実権を失っていることから，君主とみなすことも可能であるとする見解もある。政府見解は天皇を君主とする。

　つぎに，天皇は元首かについては，元首とは，外国に対し国を代表する地位であるが，天皇が外交関係において有するのは，「認証」（7条5号・8号）や「接受」（7条9号）といった形式的，儀礼的行為にすぎないので，元首とはいえない。通説は，内閣または内閣総理大臣を元首とする。にもかかわらず，天皇を元首として扱う「慣行」があり，問題であるといえる。

　天皇の国事行為は形式的・儀礼的なものであるが，「天皇の国事に関するすべての行為には，内閣の助言と承認を必要とし，内閣が，その責任を負ふ」（3条）。これにより天皇は無問責とされる。「内閣の助言と承認」は，国事行為の事前が助言，事後が承認と解す余地もあるが，実務，通説は，「助言と承認」は，国事行為の事前に1回行う行為であるとする。

（4）　天皇の「公的行為」　　天皇は，国事行為を行うとともに，私人として，テレビを見る，食事をするなどの私生活上のさまざまな行為，私的行為を行う。これに対し，国会開会式での「おことば」，各種行事への出席，外国元首などの接待など，国事行為でもなく，また，私的行為でもない行為，「公的行為」を行っている。憲法4条1項が，「国事に関する行為のみを行ひ」と「のみ」としていることから，こうした「公的行為」を違憲とする見解もある。

　しかし，通説は，こうした「公的行為」を何らかの論拠で認めている。天皇の象徴としての地位から一定の行為が認められる（「象徴行為説」），天皇の公人としての地位から一定の行為が認められる（「公人行為説」），国事行為に密接に関連する公的行為は認められる（「準国事行為説」），などである。しかし，いずれの説によっても，認められる行為の範囲が不明確で，憲法が国事行為「のみ」に限定している趣旨に反するともいえ，天皇権限の拡大につながる恐れがあるといえよう。

III　展　開　　　　　　　　　　　　　　*Application*

1　二大政党制の「進展」と「ゆきづまり」

　近年の民主・自民の二大政党の議席占有率は，05年総選挙85％，07年参院選挙84％，09年総選挙89％で，おおむね85％程度に及んでおり，また，得票率の合計でも，05年総選挙69％，07年参院選挙68％，09年総選挙69％で，約7割に達している。数値の上では，二大政党制の「母国」イギリスに匹敵する状況になってきている。

　しかし，2010年の参院選挙では，自民51議席，民主44議席と，一応自民党の勝利といえるが，比例区の得票率でみると，民主32％，自民24％で，民主が自民を上回っており，巷間いわれるように，必ずしも自民の勝利とはいえない。二大政党の得票率の合計は，56％にすぎず，国民の半数は自民を支持するでも，民主を支持するでもなく，早くも，二大政党に対する不信，二大政党制離れ，二大政党制のゆきづまりが起きてきている。「自民がダメで，政権交代に期待したけど，民主もダメだ」といったところである。

　そもそも，自民と民主は，同質的な二大政党であって，大して政策的な違いはない。読売新聞社と早稲田大学の共同世論調査の結果によれば，このことは，政権交代以前にも，国民もある意味よくわかっていたといえる。自民と民主の政策に「はっきりとした違いがある」というのは28％，3割にも満たない（田中愛治ほか『2009年，なぜ政権交代だったのか』勁草書房，2009年，200頁）。

　山口二郎は，政治における「国民の選択は，和食か洋食か，肉か魚かといった大雑把なものにならざるを得ない」（山口二郎『政権交代論』岩波書店，2009年，29頁）という。和食，洋食，肉か魚かの選択ならば，まだ意味があるといえようが，二大政党間の選択は，筆者にいわせれば，和食，洋食ほどの違いもなく，和定食A，煮魚定食か，和定食B，焼魚定食かの選択にすぎない。魚しか選べない，肉は選べない，もちろん中華や洋食は選べないのである。これに対

して，吉田徹は，各種の世論調査の結果から，民主党単独政権にも自民党単独政権にも否定的な世論をみてとることができ，「『二大政党による政権交代こそが健全な民主主義』という政治改革の前提に有権者は決して納得して」いない（吉田徹『二大政党制批判論』光文社，2009年，143頁）と指摘するが，同感である。

2　小選挙区制に対する内在的批判

　ところで，小選挙区に対する従来から行われてきた批判としては，膨大な死票，得票率と議席率とのかい離などが指摘されてきた。しかし，こうした批判は，小選挙区制，二大政党制を評価する論者にとっては，「痛くもかゆくもない」批判だといえる。小選挙区制論者は，「小選挙区制は，多様な意見を比例的に反映させるということはしない。そのようなことを目的とする制度ではないから，当然のことである」，「死票を好ましくないとする考え方は，社会内のあらゆる意見が議会に代表者を持つべきだという前提に立っている。ここでも小選挙区制論とは前提が違うのである」（高橋和之『現代立憲主義の制度構想』有斐閣，2006年，76頁，79頁）と答えるのである。「民意」それ自体は把握できない，比例代表制が把握する「民意」もあれば，小選挙区制が反映する「民意」もある。小選挙区制論者は，政策，政策実行者への「民意」の反映こそが重要だと答えるのであって，ある種の「みずかけ」論争で，実りある議論をするためにはより内在的な批判が重要だといえる。

　（1）　国民による「選択」の内実　　小選挙区制，二大政党制論者は，国民多数派による政策，政策実行者の選択こそが重要だというが，国民の多数派による政策，政策担当者の「選択」といっても，05年総選挙における自民党の小選挙区の得票率は48％，09年総選挙における民主党の得票率は47％で，過半数に及んでいない。イギリスにおいても，戦後，政権党が過半数の得票率を得たことは1度もない。さらに，政策プログラムの「選択」といっても，マニフェストをワン・パッケージで選択するしかできず，あれかこれかの二者択一に過ぎない。1つひとつの政策は選択できない。また，中間層の支持を得るため二大政党間の政策距離は近くなるので，大差のない政策間の選択に過ぎない。にもかかわらず，また，ワン・パッケージで選択されたにもかかわらず，「マニ

フェストは支持された」，「国民との契約書」だといって強権的に実行されてしまう恐れがある。

　選挙時の「マニフェスト」に完全に拘束されるというのであれば，議会制，議会における審議はそもそも意味をなさない。民意は変化するし，その変化に対応する必要もある。選挙後の世論の変化に対応しないというのであれば，議会制は意味をなさないし，主権者国民は選挙の時だけ主権者だということになる。「民意の可塑性」，「民意の発展性」を考慮に入れなければならない。この点について，和田進は，「発展的国民意思」論を展開する。すなわち，「国民意思とはあらかじめ『世論それ自体』として存在するものではなく，常に変化し，発展する動態的なもの」，「選挙において表明される国民意思を絶対的なものとして把握することも正しくない」（和田進『国民代表原理と選挙制度』法律文化社，1995年，148〜149頁）という。もっとも，近時の民主党政権のような国民に支持されない「マニフェスト」の不誠実な変更は，次期総選挙で国民の厳しい審判にさらされることになるであろうことはいうまでもない。

（2）　少数意見・反対意見が反映される必要性　　森英樹は，「国会議員であれ地方議員であれ，独任制ではなく合議制の代表制度であり，しかもかなりの数の定数を用意するのは，制度内在的に『多様な民意』の反映を不可欠の前提にしているのではないか」，「『政権選択』のためならば何百もの代表を選出する必要はなかろう」（森英樹「選挙・政党と国会」法時72巻2号（2000年）29〜30頁）と指摘する。そして，二大政党に収斂しない多様な国民の意見が現に存在するのであって，これが適切に議会に反映される必要性がある。代表されているとの「実感」がやはり必要なのである。

3　小選挙区制の憲法規範的評価

　同質的二大政党による政権交代は，国民生活の実質にほとんど影響を及ぼさない。「政権交代があっても，何も変わらないじゃないか」といった二大政党，二大政党制に対する失望があるように思われる。さらに，二大政党制にとどまらない，政党政治そのもの，議会制民主主義に対する失望，政治不信も生じてきている。浦部法穂は，1993年の政権交代について，「実在する多様な民意の

国政への反映ということを，どのような意味であれ犠牲にしての政権交代は，民主制の観点からすればむしろ逆のものではないか」，「93年の『政権交代』そのものに関していえば，むしろ，『ないほうがまし』な政権交代だった」(「政権交代と改憲論」憲法問題6号（1995年）8〜9頁，17〜18頁）と指摘していたが，2009年の政権交代も「ないほうがまし」だといえるのかもしれない。

　日本国憲法47条は，「選挙区，投票の方法その他両議院の議員の選挙に関する事項は，法律でこれを定める」と規定し，選挙制度の選択に対し一定の「立法裁量」を認めている。近代立憲主義の「母国」，イギリス，アメリカ，フランスが，小選挙区制を採用している現在，小選挙区制を近代立憲主義に反する，憲法違反だというのは困難かもしれない。しかし，日本国憲法が認める「裁量」はあくまで「一定」の裁量であり，樋口陽一もいうように，「ある選挙区制が，選挙権者の意思の議会への反映を系統的にゆがめるように機能している場合には，制度そのもの，あるいは特定状況のもとでのその適用が憲法14条の平等の要請，ないし43条1項の『代表』の積極的規範意味……に違反するとされることがありえよう」(樋口陽一『憲法I』青林書院，1998年，168頁）。

　小選挙区制は，現に多様に存在する民意を選挙制度を通じて人為的に2つに集約する，いわば「系統的に民意をゆがめる」制度であるといえるのではなかろうか。現代の国民代表制が，民意の議会への正確な反映を要請する社会学的代表，半代表制の理念に基づくとすれば，小選挙区制は，これらの理念に反し，憲法の要請に違背する恐れが濃厚であるといえよう。

　にもかかわらず，民主党は，さらなる小選挙区制への傾斜を強めようと比例定数の80削減を強行しようとしている。現にある多様な民意がきちんと反映される選挙制度，すなわち，比例代表制を中心とした選挙制度への変革が求められているといえるのではなかろうか。

〔参考文献〕
小松浩『イギリスの選挙制度』(現代人文社，2003年)
杉原泰雄＝只野雅人『憲法と議会制度』(法律文化社，2007年)

【小松　浩】

第12章 国　　会

国民代表の役割と二院制の意義

I　事　　例　　　　　　　　　　　　*Starting Point*

　2007年の参議院選（通常選挙）で当時の連立与党の自民党・公明党は敗北し，非改選議席と合わせても過半数を割った。衆議院で政府与党が，参議院で民主党を中心とする野党が多数を占める状態を，メディアは「ねじれ国会」と呼んだ。政府への対決姿勢を強める参議院は，日本銀行総裁人事案（任命権者は内閣だが国会の同意が必要）に同意せず，また，期限切れとなるテロ対策特措法の後継法（給油新法）やガソリン暫定税率延長のための租税特措法改正案などの政府の重要法案を否決した。衆議院で3分の2の多数を占める与党は，憲法59条2項に基づく再可決（後述**講義**4参照）で対抗するが（福田・麻生両閣で16本の法案が再可決でようやく成立），参議院も福田，麻生の両首相にそれぞれ問責決議を可決し，その政治力を奪った。その間，日銀総裁の3週間の不在や短期間で繰り返したガソリン価格の上下動により，国民経済に影響が生じた。

　政権交代を経た2010年通常選挙では，攻守逆転する。与党になっていた民主党が今度は大敗し，連立を組む国民新党を含めても過半数を割り込んだ。与党は衆議院の議席も3分の2を確保できていなかったから，自民党政権下の「ねじれ」よりも与党側の困難は深刻であった。特例公債法案などの震災復興関連法案は野党が合意しなければ参議院で成立しない。そこで民主党は，自民・公明の妥協を引き出すため，子ども手当や高速道路無料化など党の目玉政策を事

実上放棄する。これらの政策を内容とする民主党マニフェストを支持した2009年総選挙の「民意」が，参議院によって挫かれたともいえよう。

こうしてみると，衆議院と参議院から成る二院制自体が政治の混乱・停滞の原因にも見える。「未曾有の大震災に直面しながら政府の足を引っ張る参議院は，有害無益だ。財政難のおり，一院制の方が国会議員の数も減らせてよいのではないか」，という意見が出ても不思議ではない。しかし，日本国憲法が二院制を採用したのには，やはり意味があるのではないか。その意味とは何か。

II 講　義　　　　　　　　　　　　　　　*Knowledge*

1　「全国民の代表」としての国会議員

（1）「全国民の代表」の意味――自由委任の現代的変容　　憲法43条は，国会議員を「全国民を代表する選挙された議員」と位置づける。全国民代表という考えは，市民革命後のナシオン主権論と結びついた純粋代表論に由来する（第11章参照）。この代表論の下では，「議員は全国民を代表する存在であって自己の選挙区の代理人ではないのだから，議会内での発言や表決について選挙区に対して法的な責任を負わない（したがって選挙区民によって解任されることはない）」と説かれた。このような選挙区の訓令・指示に拘束されない議員と選挙区民との関係を，自由委任と呼ぶ。全国民代表＝自由委任という発想は，議員と選出母体とが訓令・指示を介して法的な拘束関係にあった中世身分制議会の代表観（委任代表）を否定するものとして，19世紀の諸国の憲法典に明記されるようになる。しかし，純粋代表論と結びついた全国民代表＝自由委任の論理は，制限選挙を正当化し，民意と議員行動との乖離を容認するものでもあった。この論理に支えられて，資本家などの上層市民層は，労働者たちを政治から排除して，議会制定法を通じた社会的・経済的な支配を行ったのである。しかしながら，19世紀後半の有権者の範囲拡大に伴って，純粋代表論は修正を余儀なくされる。たとえ法的には自由委任が維持されていようとも，普通選挙制の下では

労働者層を含む選挙民の意思を全く無視した行動を議員は採りえない。そこで代表論においても，有権者の政治的選好と議会の勢力構成の対応や，有権者と議員との事実上の意思の一致を重視するようになる（半代表論・社会学的代表論）。こうした憲法史的展開を踏まえ，日本国憲法の「全国民の代表」規定も，純粋代表＝自由委任の要請のみではなく，有権者と議員との可能な限りの意思の一致という要請も含むと解されている。

（2）比例選出議員の党籍変更の禁止の合憲性　現行法では，衆参両院の比例代表選出議員が当選後に所属政党を変更した場合には失職する（公選法99条の2・国会法109条の2）。この制度導入の背景には，政党提出の名簿に基づき選ばれた比例議員が安易に所属政党を鞍替えする例が多発し，有権者の政治不信を招いたところにある。しかし，議員の所属変更の制限は自由委任の原則と緊張関係に立つ。それゆえ違憲説も有力であるが，社会学的代表の要請を重視すれば比例名簿に投じられた有権者の意思に議員を拘束する制度は，一般論として許容される余地はあろう。もっとも，ある議員が選挙公約を反故にした所属政党の方針を批判して除名されたため，当初の公約に近い政策を掲げる別の政党に籍を移すような事態も想定できよう。このような場面では，除名された議員の方が選挙時の「民意」に忠実だと見ることも可能である。それゆえ，仮に党籍変更禁止を合憲と解するとしても，具体的な制度設計には慎重さが求められる。この点，現行の規定については，除名を受けての党籍変更も認めていないため，合憲説からも批判が出ている。

（3）国会議員の地位保障と特権　国会議員の任期は，衆議院4年（45条），参議院6年（46条。3年ごとに半数改選）である。任期満了を別にして，所属議院が設置する資格争訟の裁判（55条）か懲罰による除名手続（58条2項）を踏まなければ，議員はその意に反して議席を失うことはない（ただし衆議院議員は解散により失職する）。

国会議員には，国民代表としての活動を保障するため，①歳費受給権（49条），②不逮捕特権（50条），③免責特権（51条）が認められている。これらの特権はそれぞれに歴史的な沿革を有する。歳費受給権は，かつては名誉職のため富裕層しか就けなかった議員職を報酬制にし，財産のない労働者層の政治参加

を可能にする趣旨があった。不逮捕特権は，旧体制下では常態であった君主＝執行権力による不当逮捕から議員と議会を守るために発展してきた。免責特権は，自由委任の原則を担保する特権として保障されてきた（第11章参照）。議員は院内での発言や投票行動によって，名誉毀損罪などの刑事責任，損害賠償請求などの民事責任，および懲戒責任（例えば，議員が弁護士の場合の弁護士法上の懲戒）を問われることはない。ただし，半代表観・社会学的代表観が普及した現在では免責特権の意味や範囲は限定的に把握されつつあり，例えば，党議拘束に反した議員の政党による処分は免責特権の保護範囲外と解されている。

（4）「全国民の代表」と政党の関係　　講学上は，政党は「一定の政策を掲げ，それに対する国民の支持を背景に，政府機構の支配の獲得・維持を通じてその実現をはかろうとする，自主的・恒常的な政治組織団体」（佐藤・憲法論419頁）などと定義される。しかし，日本の法制上，この定義に対応するのは政治資金規正法3条1項の「政治団体」であり，そのうち，①衆参いずれかの議員5名以上を有している，または，②直近の選挙で有効投票の0.2％以上の得票を獲得している団体のみが「政党」と定義されている（政党助成法2条）。

憲法と政党との関係では，ドイツの基本法21条の政党条項が有名である。ドイツでは憲法上の地位が政党に保障される一方で，①その内部秩序が民主的原則に適合すること，および②財務状況について公的に報告することを政党の憲法上の義務とし，さらに③「自由民主主義的な基本秩序」に敵対する政党は「違憲」として解散を強いられるとされており，結社としての自発性は著しく制約されている。このような政党条項を持たない日本国憲法の場合，政党・政治団体の存立と活動を保障するのは21条1項（結社の自由）であり，この点で株式会社やNPOなど他の団体・結社と変わりはない。しかし，1994年の政党交付金制度が導入されて以降，"政党の国家機関化"が進行している。政党助成法は，上述の「政党」に該当する政治団体に対して，議員数に応じた交付金の支出を定めている。その額は人口1人当たり250円を乗じた額とされており（7条1項），総額は毎年300億円を超える。この制度については，①政党の国家依存度を強め自律性を奪う，②「政党」要件が厳しく，既存の大政党に有利である，③制度導入に伴い廃止が合意されていた企業・団体献金が現在も存続し

ており，政党は企業・団体献金と交付金を二重取りしている，などの問題点が指摘されている。選挙の際にも，政党は，選挙カー使用や政見放送などの点で（公選法141条・150条1項など），無所属の候補者より有利な扱いを受けている。

2　最高機関としての国会／唯一の機関としての国会

（1）「最高機関」としての国会　憲法41条前段は，国会を「国権の最高機関」と位置づける。しかし通説は，「最高機関」という言葉に法的な意味はなく，主権者国民に直接選ばれた機関として政治的に高い地位にあることを確認したものと解してきた。だが，「最高機関」という文言を「政治的な飾り文句」にとどめてしまう解釈は，行政国家現象と呼ばれる官僚主導政治の下での国会の形骸化を助長しかねないという批判もある。そこで，帰属の不明確な国家作用は「最高機関」たる国会の権限とする推定が働くと説くなど，41条前段に何らかの法的意味を読み込む試みもある。どの説を採るにせよ課題となるのは，政治的な意味ですら「最高機関」とは言い難い国会の実態の改善であろう。戦後当初は年間100時間を超えた衆議院本会議の審議時間は，近年60時間まで減少している（委員会中心の日本とは制度の違いがあるが，イギリスやフランスの下院の本会議は年間1000時間を超える。大山・章末参考文献3頁を参照）。国会審議の形骸化を示すデータである。

（2）「立法」の概念　41条後段の「唯一の立法機関」規定の意味を理解するには，前提として「立法」とは何かを明らかにする必要がある。この点，戦前からの学説は「国民の権利義務を変動させる規範」を「法規」と称し，この法規を立法と同視した。この説に立てば，国民に利益を付与する事案や，省庁の設置など行政組織に関する事案は，法律を必要としないことになり，国会による行政統制の範囲はかなり狭いものになる。これに対し近年では，「一般性・抽象性」を持つ規範すべてを「立法」と解する説が有力になっている。一般性・抽象性を持つ規範とは，不特定の人・不特定の事案に対して等しく適用される規範のことをいう。立法は，このような一般性・抽象性を持つ点で，個別具体的な人・事案に向けた行政行為や裁判と異なる。したがって，個人に利益を与える行為についても，一般性・抽象性を持つ以上，法律を通じた国会の

承認が必要ということになる。同時に，国会が立法機関とする41条後段を別の側面から見れば，国会は個別具体的な規範を定立できないことを意味する。法律の一般性・抽象性にこだわる背景には，特定個人や団体を「ねらい撃ち」にする法律を回避すれば市民の活動の予測可能性が高まり，経済はより発展するという19世紀の自由主義的な法治国家観がある。日本国憲法95条が，特定の自治体のみに適用される地方特別法の成立に住民投票を課しているのも（第15章参照），特定地域への「ねらい撃ち」立法に対して住民の拒否権を与えた趣旨と解することができる。

ところが，国家の役割が拡大するにつれて，特定の個人や団体のみに適用される措置法（処分法律）と呼ばれる立法形式の合憲性が問われることになった。現代の社会国家・積極国家にとって措置法は不可避として，これを肯定する説が有力であるが，特定の地域・団体への利益誘導のために乱用されないためにも，一般性・抽象性にあえてこだわることの重要さを指摘する見解もある（樋口・憲法346頁）。日本の立法実務では，特定の事案や特定の団体を対象とする法律でも法の規定上は一般的・抽象的な体裁をとることで，違憲の問題を回避してきた（例として，私立大学の名城大学で生じた経営紛争への適用のみを予定した「学校法人紛争の調停等に関する法律」や，宗教団体アレフを事実上の対象とする団体規制法がある）。しかし，法律が「ねらい撃ち」立法となっていないかについては，規律内容の実態に即した判断が求められよう。

（3）　国会中心立法の原則／国会単独立法の原則　　41条後段の「唯一の立法機関」規定は，以下の2つの憲法原則を導く。

①国会中心立法の原則：これは，前述した意味における「立法」を国会以外の機関が定立してはならないというルールである（国会各院や裁判所が自己の組織・運営に関わる規則を制定することは例外として憲法が認めている（58条2項・77条1項）。条例について第15章参照）。したがって，大日本帝国憲法下の独立命令（9条）や緊急勅令（8条）のように，行政機関が法律と同位の命令を定立することは違憲である。ただし，憲法73条6号の解釈から，法律の施行細則を定める場合（執行命令）と，法律の委任がある場合（委任命令）であれば，行政命令も制定できると解されている。しかし，白紙委任といえるような包括的な場合

は，委任の原則を越えるものであり許されない。

②国会単独立法の原則：これは，法律の制定は国会だけで完結するというルールである。ただし，上述した地方自治特別法の住民投票を例外とすれば，法律案は，衆参両院の可決をもってただちに法律となると解されている（59条1項も参照）。したがって，「主任の国務大臣」による署名と内閣総理大臣の連署（74条），および，天皇による公布（7条1号）を経るが，仮にこれらが欠けても，法律の効力には影響しない。内閣法5条が認める内閣の法案提出については，首相の議案提出権（72条）の一部と解しうるし，閣僚は与党国会議員の立場で法案を提出できるので事実上の差はないなどの理由から，国会単独立法の原則に反しないとする説が支配的である。しかし，成立した法律の9割が内閣提出法案という現状を前に，議員立法の活性化が課題となっている。

3　国会と議院の権能と活動

（1）**国会の憲法上の権能**　憲法が定める国会の権能として次のものがある。①憲法改正の発議（96条1項），②法律の議決（41条），③内閣総理大臣の指名（67条1項），④条約の承認（61条・73条3号但書），⑤裁判官罷免の弾劾裁判（64条），⑥財政の統制（83～91条）。

（2）**議院の自律権**　議院活動の自主独立性のためには，行政部門・司法部門の影響排除はもちろんのこと，国会の他の一院からも独立して院の組織や運営について自主的に決めうる権限が必要である。このような議院自律の発想は，近代議会制の基本原則の1つである。議院の自律に属するものとして，①議院規則の制定（58条2項），②役員の選任（58条1項），③院所属議員の資格争訟（55条），④院所属議員の逮捕許諾・釈放請求（50条），⑤院所属議員の懲罰（58条2項），⑥国政調査権の行使（62条）が憲法で明記されている。しかし，実務上は議院の組織・運営の重要な部分が法律（国会法）で規律されており，立法権限の上で劣位する参議院の自律性が侵害されるおそれを問題視する説も有力である。

（3）**国政調査権**　憲法62条は，両議院に「国政に関する調査を行ひ，これに関して，証人の出頭及び証言並びに記録の提出を要求する」権限を認め

る。国民の「知る権利」にとっても，この国政調査権は重要である。国会法は議員の派遣や内閣・官公署に対する記録・報告提出要求などを定めるが，より強力な手法としては議院証言法に基づく証人喚問があり，偽証や不出頭・証言拒絶は処罰の対象となる。

　国政調査権の性格をめぐっては，議院の立法権限を補助する権能と解する説（補助的権能説）と，立法とは別個の国政統括の権能と解する説（独立権能説）との対立がある。諸外国の通説的理解でもある補助的権能説が通説といえるが（芦部・憲法307〜308頁），この説における国政調査権の限定的な理解は，国政調査の形骸化，とくに汚職事件での証人喚問の機能不全という付随効果を伴ったという批判もある（松下圭一『戦後政治の歴史と思想』筑摩書房，1994年，302頁以下）。一面では的を射た指摘であるが，立法の対象は国政の全般に及ぶ点を踏まえれば，補助的権能説は国会の正当な権限行使を抑制する議論では本来ないことがわかる。補助的権能説が警戒するのは，国会多数派による不当な裁判介入（例として，いわゆる浦和事件）や市民（とくに政治的マイノリティ）の思想調査（例として，1950年代の米国での「アカ狩り」と呼ばれた連邦議会非米活動委員会の調査）である。だとすれば，国政調査権の憲法上の限界として想定されるのは以下の場面であろう。①訴訟進行中のみならず判決後でも，裁判官の訴訟指揮や判決内容の当否の調査は司法権を侵害する可能性がある（ただし，政治資金規正法の運用を把握するために同法違反事件の事実関係を調べるといった立法目的や行政監督目的とする並行調査は，裁判に影響しない限り問題はない）。②行政権に属する検察事務についても，訴追に影響する調査は認められない。③思想の自由やプライバシーの権利など対象者・関係者の基本的人権を侵害する調査は許されず，黙秘権（憲法38条）も保障される。

　（4）**国会の活動**　国会法68条は，会期中に議決されなかった案件を継続しないという会期不継続原則を採っている。最近では，会期不継続原則は迅速な立法活動を妨げるとして，不継続見直しや通年国会制導入が提唱されている。しかし，会期不継続原則には，審議引き延ばしという武器を野党に与えることで与党の政治的妥協を促し，もって拙速な法案審議を防ぐという積極面もある。また，憲法が会期に常会（52条），臨時会（53条），特別会（54条1項）の

区別を設けたことは，憲法が通年制を予定していないことを意味する。

4 二院制

　議会を2つの議院で構成するシステムを二院制と呼ぶ。起源的には身分制議会の遺制であり，イギリスの貴族院や大日本憲法下の貴族院のように民選の第一院を牽制する役割を果たしてきた（現在のイギリスの貴族院は，実態として任命制で権限も弱い）。他方，連邦制国家では，各州が代表される第二院の設置が普通である。このような貴族院型や連邦制型における明確な存在目的とは異なり，民主制の単一国家において二院制を採用する意義はさほど明確ではない。一般には，①第一院の拙速な決定に再考を促し立法過程における熟議を担保するという権力分立の観点，②異なる構成・異なる選挙制度を通じての民意を多角的に国会に反映させるという社会学的代表の要請の観点，から二院制の存在意義が説明されている。もっとも，②の要請から両院の政党構成がずれることが制度上想定されている以上，両院に対等な権限を与えてしまうと政治がストップする。そこで，両院の意思の場合の調整システムを設けたうえで，より民意に近い院に優越的な権限を付与するのが常道といえる。日本国憲法では，衆議院と参議院の意見対立の調整を以下のように制度化している。

　①衆議院の専権事項：衆議院の専権事項として，内閣不信任決議（69条），予算の先議（60条1項）がある。参議院が行う大臣に対する「問責決議」については法的な拘束力はない（問責を受けた大臣が参議院に出席するのは事実上困難なので，政治的な効果はある）。

　②衆議院の意思の優越：内閣総理大臣の指名（67条2項），予算の議決（60条2項），条約の承認（61条）については，衆議院の意思が優越する。なお，内閣総理大臣指名については衆議院の議決後10日以内，予算と条約については参議院送付後30日以内に参議院が議決をしないときも，衆議院の意思が国会の議決となる。法律については，衆議院が可決した法律案を参議院が異なる議決をした場合，衆議院で出席議員の3分の2以上の再可決により法律とすることができる（59条2項）。参議院送付後60日以内に議決をしない場合は，参議院は法案を否決とみなされる（同4項。**事例**を参照）。

③両院協議会：最終的には衆議院の意思が優位するとしても，両院の妥協による意思の一致がはかられることが二院制の趣旨に合致する。そこで，憲法は，調整の場としての両院協議会を制度化している。内閣総理大臣の指名，予算の議決，条約の承認については，必ず開催しなければならない（67条2項・60条2項・61条）。法律については，衆議院の方から協議会開催を「求めることを妨げない」という任意の制度にとどまる（59条3項）。

④その他の事項での両院の対等：憲法改正の発議（96条）など，上記の衆議院の優越事項以外は，両院は対等である。

⑤参議院の緊急集会：参議院独自の制度として，緊急集会がある。衆議院解散と同時に参議院は閉会となるが，「国に緊急の必要あるとき」に内閣は参議院の集会を求めることができる（54条2項）。ただし，緊急集会が講じた措置は，総選挙後に召集された衆議院の同意がなければ失効する（同3項）。

Ⅲ 展　開　　　　　　　　　　　　　　　*Application*

1　参議院改革論

二院制の存在理由については，一般論としては**事例**で説明したとおりである。しかし日本の参議院は，その運用状況の変遷を背景に，そのあり方が常に問われてきた。参議院発足当初は無所属議員の会派「緑風会」が多数を占め，衆議院の党派的対立とは距離を置く「理性の府」が目指された。やがて，参議院も政党化が進行し，衆議院と政党構成が類似してくると，参議院は「衆議院のカーボン・コピー」と揶揄されるようになる。この時期以降，いかに参議院の独自性を打ち出すかという観点からの参議院改革論が説かれるようになる。その方向性としては，①行政監査や人事などに参議院の専権ないし優越を認め任務上の独自性を追求するもの，②都道府県推薦や任命制などにより議員構成に独自性を出そうとするもの，③議事運営での独自性を出そうとするもの，に大別される。ただし，実際には③の方向で若干の成果を上げたにとどまる。

1990年代以降, 自民党は参議院で単独過半数を確保できず, 参議院対策として他党との連立政権が常態化した結果, 参議院の「強さ」が再認識されるに至る。その「強さ」を鮮明に示したのが, 「ねじれ国会」である。仮に与党が衆議院で3分の2を確保できても, 参議院が否決しなければ衆議院は再可決できない。そこで参議院は「みなし否決」(59条4項) となる最大60日間は法案を放置することが可能であり, 限時法であれば一時的にでも失効に追い込むこともできる (**事例**で挙げたテロ特措法やガソリン暫定税率の例)。こうした中, 再議決要件の緩和論 (2004年の第3次読売憲法改正試案など) も説かれている。

2 再び参議院の存在理由について

参議院改革論は百家争鳴の状況であるが, それらに共通するのは, 「参議院は無用である」(独自性論), あるいは「参議院は有害である」(権限縮小論) という評価であろう。しかし, 本書はそうした認識から距離を置き, 参議院の通常選挙の「定点的民意反映機能」を重視して, 「ねじれ」を日本国憲法の採用する二院制の正常運行と捉える見方 (加藤一彦『議会政治の憲法学』日本評論社, 2009年, 第6章) に注目したい。「7条解散説」により内閣の自由な解散権行使が常態化した (第13章参照) 衆議院の解散総選挙は, 首相や与党に都合のよい時期を見計らって実施されることが多い (2005年の「郵政解散」が好例である)。これに対して, 半数改選で3年ごとに定期的に訪れる通常選挙の結果は, その時点での与党への批判も直截に現れる点で, 1つの「民意」の確認が可能であるし, また, 衆議院に表出したもう1つの「民意」への抑止となる (この立場は, 「民意」が単一のものでないことを前提とする)。現行の衆議院が得票率以上の議席を第一党に与える小選挙区制中心の選挙制度を採用しているだけに (第11章の批判参照), 総選挙で示された「民意」とは別の「民意」が通常選挙を通じて確認されることの意義は大きい (このようなメリットを犠牲にする点で, 衆参同日選挙による「ねじれ」解消策には問題がある)。事例のような参議院の拒否権行使的な態度も, 参議院との妥協のための与党の公約修正も (その政策的当否は別として), 国会での熟議の過程として積極的な位置づけも可能である。ただし, このような衆参の妥協は, 選挙公約を通じた有権者による政党の, あるいは党

議拘束を通じた党執行部による所属議員の（半代表的な意味での）「拘束」との緊張を内包するゆえに，その理論的な精緻化が課題として残されている。

〔参考文献〕
杉原泰雄＝只野雅人『憲法と議会制度』（法律文化社，2007年）
大山礼子『日本の国会』（岩波書店，2010年）
竹中治堅『参議院とは何か』（中央公論新社，2010年）

【植松健一】

第13章 内　　閣

ヒーローにすべてを委ねるとヒーローによる専制が始まる

I　事　　例　　　　　　　　　　Starting Point

　2009年8月に行われた衆議院総選挙の結果，それまで政権の座にあった自民党・公明党に替わり，民主党が過半数を獲得した。そして，翌9月には，鳩山由紀夫を内閣総理大臣とする新内閣が発足した。いわゆる政権交代である。

　鳩山首相は，就任直後の所信表明演説で「これまでの官僚依存の仕組みを排し，政治主導・国民主導の新しい政治へと180度転換させ」ると宣言した。民主党は，総選挙の際のマニフェストで，「官僚丸投げの政治から，政権党が責任を持つ政治家主導の政治へ」「各省の縦割りの省益から，官邸主導の国益へ」というスローガンを打ち出していた。そして今も記憶に新しい「事業仕分け」は，鳩山首相自身の政治献金疑惑が発覚したにもかかわらず，鳩山民主党内閣の高い支持率を下支えした。おそらく，多くの国民は，30～40代の若い政治家や颯爽とした姿の女性政治家，民間人らが，官僚をやりこめる様子をテレビで見て，スカッとした気分になったことだろう。

　しかし，鳩山内閣の支持率は低下していく。世論調査では，ほぼ毎回「指導力不足」を指摘する声が強く挙がっていた。この場合の「指導力」は，当時の小沢一郎のさまざまな行動に対するものである。

　結局，国民が政権交代で夢見たのは，「悪（に見えるもの）」をしっかりこらしめてくれる「強いヒーロー」だったのだろうか。そうだとすると，これは，

今に始まったことではない。今から30年前，当時の悪者は，国鉄・電電公社・専売公社であった。とくに国鉄は，労働者が勤務中に風呂に入っているなどとして，堕落した公務員の象徴として叩かれた（冷静に考えれば，深夜勤務帯に入る直前の夕刻や，明けの午前中に入浴することの何が悪いのだろうか）。そこで，国鉄や電電公社の分割民営化などをなしとげるヒーローとして中曽根康弘が登場する。また，10年前には「自民党をぶっ壊す」と絶叫した小泉純一郎が登場し，熱狂を持って迎えられた。

　中曽根，小泉両氏が主張し，国民が鳩山政権に求めたもの，それは，内閣総理大臣の強いリーダーシップである。日本政治における「強いヒーロー」は，はたして憲法上どのような評価が与えられるのであろうか。

II　講　義　　　　　　　　　　　　　　　　　　　*Knowledge*

1　立憲主義と内閣制度

　首相官邸の web ページを見ると，歴代内閣のところに伊藤博文を初代とし菅直人を94代とする内閣総理大臣の名前がならんでいる。ここには，明治維新の後に内閣制度が創設されて以来，内閣は変わらず連綿と続いているとの認識が現れている。

　確かに，事実として内閣は引き続き存在してきたのであるが，しかし，立憲主義という観点，あるいは統治制度という観点からみると，明治憲法下で存在した内閣と，日本国憲法下での内閣とは別物であると言わねばならない。明治憲法下では，内閣は憲法によって規定された国家機関ではなかった。そして，明治憲法上行政権の主体でもなかった。行政権はあくまで天皇がその主体であり，内閣のメンバーである国務大臣が天皇の行政権行使を「輔弼」するという体制だったのである。したがって，統治制度上，議院内閣制ではない。確かに，歴史的には政党内閣が発達し，議院内閣制的に運営されていた時代もあった。しかしそれは政治的な力関係の中で生じたものであり，統治制度の原理と

しては、内閣が議会から自律的にその権力を行使する超然内閣制だったのである。

立憲主義の原理からすると、憲法は授権規範としての特徴を持つ。つまり、あらゆる国家権力は憲法がその権力を担当機関に授与するということでなければならない。このように考えると、立憲主義の憲法を超越する国家機関の存在は許されない。日本国憲法下の内閣も、日本国憲法によって内閣という国家機関の設置とそれに対する権力付与がなされた、と考えなければならない。したがって、明治憲法から連綿と続く内閣、という理解は、立憲主義の理念に反している。

2　行政権とは

憲法65条は「行政権は、内閣に属する」と定め、行政権の主体として内閣を位置づけているが、この場合の行政権の内容については、そもそもどのように定義づけるか、という点で異なる考え方がある。

1つは、行政権の内容を積極的に定義づけない考え方で、控除説とか消極説とか称される。この説は、行政権の内容を定義する際に、全国家権力から、立法権と司法権を除いた残りを行政権であるとする考え方である。この場合、行政とは、「立法でも司法でもない一切の国家作用」「国家作用から立法と司法を除いた部分の総称」などと定義づけられる。また、行政作用と司法作用をともに「執行作用」と解し、執行作用中、司法に属しないものを行政と定義するような考え方もある。

もう1つは、行政権の内容を積極的に定義づけようとする考え方である。この場合、具体的にどのような内容を行政権というのかについて定義を与えなければならないが、例えば、「国家目的の積極的実現をめざして行われる全体として統一性をもった継続的な形成的活動」（田中二郎）であるとする説や、「本来的および擬制的公共事務の管理および実施」（手島孝）という説が見られる。

控除説に対しては、立法や司法の内容に含まれないものはすべて行政権に帰属する推定が働く可能性があるため、立法の概念としてドイツ流の法規概念を採る場合には、予算や統治機構の組織などを行政事項として説明することに

なってしまい，行政肥大化現象を理論的に支えてしまうことに対する懸念がある。

他方，積極説に対しては，国家目的や，その実現とは何か，が不明であり，このような定義でそもそも実質的行政をすべて捉え切れているのか，との疑問に加えて，積極的に行政概念を規定することによって，逆に法律による行政の原則をあいまいにしてしまう危険性があるのではないか，という指摘もなされているところである。

そこで，通説的には，控除説を採りつつ，立法の概念を広く解することによって，行政の射程範囲を狭める方向で考えられている。

なお，65条との関係で，憲法上明示的な規定のない機関であるいわゆる独立行政委員会の位置づけが問題になるが，政治的中立を不可欠とする行政事務が存在すること，準司法的作用（公正取引委員会の審決など）は特に政党政治からの独立が必要とされることなどから，学界でも一般的に容認される傾向にある。

3　議院内閣制

議会と政府との関係については，**事例**で述べたように大日本帝国憲法下では，内閣は天皇のもとで行政権を輔弼し，議会のコントロールから独立した超然内閣制であった。他方，諸外国では，アメリカの大統領制のように，議会と政府がそれぞれ民主制的な裏付けを持ちながら，相互に独立した関係となっているところもある。しかし現在，日本も含め多くの国では，議会と政府とが関係を持っている議院内閣制を採用しており，日本国憲法でも，内閣総理大臣は国会議員でなければならない（67条1項），国務大臣の過半数は国会議員でなければならない（68条1項），国会に対する内閣の連帯責任（66条3項），衆議院による不信任決議の効果としての内閣総辞職または衆議院解散権の行使（69条），総選挙後の国会の召集時の内閣総辞職（70条）などといった，議会と政府との関係を明文で定めている。

この議院内閣制については，その本質はどこにあるのか，という点をめぐって，学説の対立がある。責任本質説は，内閣が議会に対する連帯責任を負い，その存立基盤が議会に依存している点を，議院内閣制の本質であるとし，後述

するような内閣の解散権がなくとも議院内閣制たりうるとする。他方、均衡本質説は、議会と内閣の対等性を重視し、内閣による議会の解散権などの対抗措置の存在が不可欠であるとする。

かつて小泉政権の時代にあった首相公選制の議論は、議院内閣制を均衡本質的に理解している系譜といえよう。また、議会制を国民内閣制的に運用するよう主張する考え方も、均衡本質説を前提とした考え方である（**展開**参照）。

4　内閣の成立

内閣は、「首長たる内閣総理大臣及びその他の国務大臣」で構成される合議体（66条1項）である。内閣総理大臣は、国会議員の中から国会の指名に基づいて任命され、その他の国務大臣は、内閣総理大臣の任命による。

内閣が成立するためには、その構成員につき次のような要件を満たさなければならない。

・文民であること（66条2項）

ここにいう「文民」の意味については、「軍人でない者」とする説（A）、「職業軍人の経歴を持たない者」とする説（B）、さらに、職業軍人の経歴を持ちつつも「強い軍国主義思想の持ち主ではない者」とする説（C）がありうる。欧米におけるシビリアン・コントロールとは、軍人に対する文民の、あるいは軍事に対する政治の優位や統制を意味する。したがって、文民の持つ本来の意味からすれば、A説が妥当となるが、憲法が軍隊を禁止しているため、A説は意味を持たない。そこで、大日本帝国憲法下で生じた軍人支配の復活の阻止という狙いからB説が唱えられるようになった。

しかし、66条2項がシビリアン・コントロールに関する規定であるなら、軍隊的実力組織である自衛隊との関係を考えないわけにはいかない。大日本帝国憲法下における旧陸海軍の職業軍人の経歴を持つものが、内閣の構成員になる可能性は現在では極めて少なくなっていることから、もはやB説すらほとんど意味を持たなくなりつつあるからである。自衛隊が軍隊的実力組織である以上、そのような組織の構成員たる自衛官は、本条にいう「文民」ではない、と考えるべきであろう。この点について、学説・政府見解ともに認めているとこ

ろである。これに加えて,「自衛官の経歴を有する者」については,議論がありうるが,シビリアン・コントロールの趣旨を徹底する観点からは,やはり「文民」にあたらない,と考えるべきであろう。

・内閣総理大臣と,その他の国務大臣の過半数が,国会議員であること

67条は,内閣総理大臣の指名について「国会議員の中から国会の議決で」行うこととしているが,議院内閣制のもとで国会議員から指名されるということの意義を没却しないために,議員在職も要件と考えるべきである。また,68条1項は,国務大臣の過半数を国会議員の中から任命しなければならないとするが,これも,内閣成立時のみの要件ではなく,内閣が存続し続けるための要件であると考えるべきである。

5　内閣の構成要素——内閣総理大臣,その他の国務大臣

・内閣総理大臣

内閣総理大臣は,合議体たる内閣の「首長」である。この地位から,閣議を主宰し,また内閣を統率するほか,次のような権限が憲法上認められている。

（ⅰ）国務大臣の任免　68条1項2項により,内閣総理大臣は国務大臣を任命・罷免する権限を持つが,罷免にあたっては「任意に」なしうる以上,何らの法的制約はないということになる。近年では,2005年のいわゆる「郵政解散」の際に,解散に反対した国務大臣を内閣総理大臣が罷免した例がある。

（ⅱ）国務大臣の訴追に対する同意　75条は,国務大臣の訴追に内閣総理大臣の同意が必要である旨,定める。この規定は,検察当局による政治的動機に基づく訴追を防止する目的によるものとされている。「訴追」とは通例では検察官による公訴提起を指すが,そこに逮捕も含まれ,逮捕の際にも同意が必要となるのか,が問題となる。逮捕も同様であるとする見解が多数説であるが,これに対し,拒絶による不訴追が国務大臣にとっての特権にあたる以上,特権を拡大する方向で解釈すべきではなく,厳格に解すべき,との反対説も有力に唱えられている。

そのほか,議案提出権,一般国務および外交関係についての報告権,行政各部の指揮監督権（72条）,法律・政令への署名・連署（74条）,議院に出席し発

言する権限（63条）などが認められている。

・国務大臣

国務大臣は，分掌された行政事務の主任（74条）としての地位にあり，また，内閣の構成員として閣議に出席してその意思決定に参与する。その他，議院に出席し発言する権限，主任の大臣として法律・政令に署名する権限などがある。

6　内閣の職権

内閣は65条により行政権を行使するが，そのほか，73条により列挙された職権を行使する。なお，内閣の職権は，73条各号に列挙された事項に限定されない。73条本文から「他の一般行政事務」もまた内閣の職権となるからである。

73条は，「法律を誠実に執行し，国務を総理すること」（1号），外交関係の処理及び条約の締結（2号，3号），官吏に関する事務の掌理（4号），予算の作成と提出（5号），政令の制定（6号），恩赦（7号）を内閣の職権としている。これらのうち，政令の制定については，それが実質的意味の立法（第12章参照）と重なるものであるから問題となる。「政令」とは，一般に行政機関の定める法形式である命令のうち，内閣が定めるものをいい，省令や内閣府令など，内閣の支配下にある個別の行政機関により定められた規範に対し，形式的効力において優位の規範となる。73条6号により，憲法および法律の規定を実施するための「執行政令」と，法律の委任によって定める「委任政令」のみが認められる。委任政令については，実質的意味の立法権が国会に専属すること（41条）に鑑み，一般的包括的な白紙委任や，法律で予見できない広い範囲にわたる委任は許されない。

内閣が合議体である以上，職権を行使するには，構成員の合議＝閣議による必要がある。閣議決定の方法としては，慣習的に全会一致でなされてきているが，憲法上全員一致を要求していると見るかについては争いがある。

多数決で足りるとする説は，それが，会議体における意思決定の通常の方法であること，大日本帝国憲法と比較して，各大臣の独立した輔弼ではなく，内閣として行政権を行使するので，全員一致が必然ではないこと，多数決におけ

第13章 内　　閣　167

る反対大臣も，辞職しない限り決定に従うことになるから，特に問題にならないことなどを理由とする。これに対して，支配的見解である全員一致説は，多数決だと少数意見に責任を負わせられないので，連帯責任という責任の形式と矛盾すること，内閣総理大臣が任免権を握っていることは，全員一致の制度的条件であること，可否同数の場合の決裁権が規定されていないことなどを理由とする。このほか，閣議の公開が義務付けられていない以上，内閣の自主的判断にゆだねられていると解するしかないと考える説もある。

7　内閣の責任（総辞職）と衆議院の解散

66条3項は，内閣が国会に対して連帯して責任を負うことを定める。連帯責任である以上，内閣の諸活動について，すべての国務大臣が責任を負うこととなる。ここにいう責任の性質は，法的責任ではなく政治責任であると解されている。したがって，法的な違法のみが責任の対象となるのではなく，政治的判断や活動の政治的結果についても広く責任の対象となるため，結局，責任の原因について，限定はないとされる。

国会が内閣の責任を追及する方法としては，問責決議，国政調査，質問，などさまざまな方法が考えられるが，その最大のものは，衆議院による不信任決議である。他方，内閣の責任の取り方として最大のものは，内閣総辞職ということになる。

（1）　**総辞職**　　総辞職とは，内閣総理大臣および国務大臣全員が同時に辞職することであるが，内閣は，自らの判断で任意に総辞職することができる。

他方，憲法は，(i)衆議院が不信任を決議し，または信任決議案を否決した場合に，10日以内に衆議院解散の措置が採られなかった場合（69条），(ii)内閣総理大臣が欠けたとき（70条），(iii)衆議院総選挙後初めて国会の召集があったとき（70条）に強制的に総辞職させられる。(iii)の「内閣総理大臣が欠けたとき」とは，死亡，失格，辞職をさす。

総辞職によって，内閣は消滅する。このとき，国会は「他のすべての案件に先立って」内閣総理大臣を指名しなければならない（67条1項）。他方，新総理大臣が任命されるまでは，総辞職した旧内閣が「引き続きその職務を行う」

（71条）ことになるが，その職務内容が問題になる。総辞職した旧内閣の職務は，もっぱら，行政の継続性を担保するための限定された事務処理に限られるべきで，新しい政策を積極的に取り組むようなことは許されないと考えられる。

（2）**衆議院の解散**　前述のとおり，69条は，衆議院が不信任を決議し，または信任決議案を否決した場合に，衆議院の解散がありうることをいっているが，この解散の権限主体については，憲法の条文上明示されているわけではない。

そこで，解散の実質的決定権がどこにあるのか，が問題となるが，学説はおおむね内閣の権限であるという理解で一致している。ただし，その憲法上の根拠については，見解が分かれる。

69条説は，69条所定の手続きの場合にのみ，内閣が解散権を行使できるとし，解散権行使を限定づける。この点が，その他の諸説と大きく異なる。7条説は，7条3号の天皇の国事行為たる衆議院の解散が，内閣の助言と承認を必要とするため，内閣が実質的に解散権を持っていると理解する。厳密には，国事行為たる衆議院の解散が，形式的・儀礼的な行為であるのか，それとも政治的な行為であるのか，といった理解の違いがあるが，いずれにせよ，7条により内閣が解散権を持ち，69条の場合に限定されない，という点では違いはない。また，65条説は，行政権の概念について控除説（**講義**2参照）を採ったうえで，内閣の解散権を導くものである。さらに，制度説は，権力分立と議院内閣制の採用など，日本国憲法の全制度の趣旨から判断して，内閣が解散権を持つとする。この説は，議院内閣制について，均衡本質的に理解（**講義**3参照）し，政府（内閣）による解散権が議院内閣制にとって不可欠の要素であることを根拠としている。なお，内閣による解散については69条説と同様に解しつつ，衆議院自身が自律的に解散することができるとする学説もある。

吉田茂内閣で生じたいわゆる「抜き打ち解散」について，69条の過程を経ない衆議院の解散の合憲性が争点となった（苫米地事件・最大判昭35・6・8民集14巻7号1206頁）が，最高裁は，統治行為論（第14章参照）を採用し，憲法判断を行っていない。

III 展開 *Application*

1 議院内閣制における「強いヒーロー」

すでに述べたように，日本国憲法は議院内閣制を採用している。その日本で「強いヒーロー」を求める主張は，議院内閣制の本質理解について，議会と政府が均衡関係に立つか，それではあきたらず，政府が議会を強く指導する関係として理解することになる。

前者の考え方が学説の中にもあることは，すでに指摘したが，後者のものが，主権者国民の代表は国会であるとする日本国憲法の規範内容に全く反するものであることは明らかであろう。政府（行政府）の役割は，立法府で制定した法律の執行である以上，執行する側が制定する側を指導するなら，そもそも執行と制定を区別した意味がなくなるからである。

ただし，アメリカなどの大統領制のように，政府もまた国民による直接選挙によって選ばれるという，民主的手続きを経ているならどうだろうか。国民が大統領を選んだのだから，大統領は議会を無視して独断で決めることができるのであろうか。日本でこのような立場で政治を行っているのが，橋下徹大阪市長（元大阪府知事）であり，河村たかし名古屋市長である。いずれも自分自身が選挙で信任されているということを前面に出し，議会の中に自分を支持する政党を製造し，議会を支配しつつ政策を実行しようとしてきた。首長が民主的な手続きを経て成立しているなら，議会よりも優位に立つ強力な政治を実行することが，中央政府でもできるのであろうか。

2 国民内閣制論と議院内閣制

学説の中には，日本国憲法の規定を前提にしつつ（つまり，憲法改正を必要とする首相公選制にまでは踏み込まない），内閣総理大臣の民主的正統性を調達することによって，その強いリーダーシップを発揮させる議論がある。いわゆる

「国民内閣制」と呼ばれる議論がそれである。この議論は，日本における議院内閣制の運用が実際には官僚主義的運用になっており，政治の側による官僚をコントロールする力が欠如していると認識したうえで，内閣を強化して政治家が政策決定を行ってそれを官僚が執行し，議会は内閣をコントロールする役割を担うようなシステムを構築することを狙う。そしてそのために選挙については，国民が内閣を直接的に選択しうるようなものとしての位置づけを与え制度設計する。この選挙は，国民が与党と野党のいずれを選択するか，という二極的判断を求めるものになるために，小選挙区制が望ましいとされる。

この議論は，議院内閣制の本質を議会と政府との均衡関係にあると理解しており（均衡本質説），そしてここにおける政治システムのイメージは，内閣が統治しそれに対して国会がコントロールをかける，という図式である。しかし，この説の論者は，国会が決定し，内閣が執行するという法の支配の図式を無意味にするわけではないと主張する。この点がこの説の難解な点の1つであろう。すなわち，法的に考えるならば，内閣の諸活動はすべて「法律の執行」という形態をとっておこなわれなければならないとする。このようにしなければ，政治部門における責任が軽くなってしまうからである。しかし，内閣，国会それぞれの政治的機能としては，内閣が積極的なイニシアチブを持って国政を運営することにならざるをえないのであって，それに対して国会の中心的役割はそのような内閣の国政運営に対するコントロールに求められるべきであるとする（高橋和之『現代立憲主義の制度構想』有斐閣，134～135頁）。このようにして「憲法思考上，法の領域と政治の領域との分化の必要」（97頁）があるとする。

しかしこの議論に対しては，そもそも議院内閣制を均衡本質的に理解することの妥当性や，議会の位置づけ，内閣を強化するという戦略などに対して疑問が出されているとともに，議会の構成に影響を与える選挙制度設計を内閣の強化という観点から検討しようとするその手法などに疑問が出されている。

3　「国会中心主義」か，「内閣中心主義」か

この両者の対立は，そもそも議院内閣制の本質をどうみるかの対立を反映し

ていると同時に，統治構造における「内閣中心主義」と「国会中心主義」との対立でもある。

橋下，河村の登場と，冒頭に挙げた鳩山の退場のしかたは，「国会中心主義」にたいする「内閣中心主義」の優位に見える。しかし，橋下，河村のようなカリスマ的支持の場合，熟慮を背景とする理性的支持ではなく熱情的支持である側面が強くなるし，カリスマが内閣の首班であり政権党の党首であれば，そのもとでの小選挙区選挙は，選挙区における候補者とその政策の支持ではなく，その背後にあるカリスマへの支持となるのはすでに2005年の衆議院総選挙で経験済みである。

成熟した民主主義のあり方は，はたしてどちらか。

〔参考文献〕
高橋和之『国民内閣制の理念と運用』(有斐閣，1994年)
高橋和之『現代立憲主義の制度構想』(有斐閣，2006年)
高見勝利『現代日本の議会政と憲法』(岩波書店，2008年)
只野雅人『憲法の基本原理から考える』(日本評論社，2006年)
糠塚康江『現代代表制と民主主義』(日本評論社，2010年)

【多田一路】

第14章　司法権と憲法保障

靖国訴訟は可能か

I　事　例　　　　　　　　　　　　　　　　Starting Point

　201X年8月15日，内閣総理大臣Aは，戦没者を神として祀っている靖国神社を内閣総理大臣として公式に参拝した。Aは，靖国神社に公用車で赴き，「内閣総理大臣A」と記帳した後，二礼二拍手一礼という神道本来の形式で参拝し，「玉串料」として国費から5万円を支出した。参拝後に行われた記者会見でAは，「本日の靖国神社公式参拝は，国民や遺族の多くが靖国神社を戦没者追悼の中心的施設と考え，靖国神社への内閣総理大臣やその他の大臣の公式参拝を望んでいることを考慮し，そうした要望に応えて行ったものであります。これは，遺族に対する慰謝の念の表明であり，遺族に対する社会的儀礼です。靖国神社の神を拝んだわけではありません」，と公式参拝について釈明した。

　このAの靖国神社公式参拝とそれに伴う公金支出は，「国及びその機関は，宗教教育その他いかなる宗教的活動もしてはならない」と定める憲法20条3項や，「公金その他の公の財産は，宗教上の組織若しくは団体の使用，便益若しくは維持のため……支出し，又はその利用に供してはならない」と定める憲法89条に違反するのではないか，との激しい議論を呼んだ。確かに，Aが靖国神社を内閣総理大臣として参拝したことは神社の神（この場合には靖国神社に神として祀られている戦没者）に対して畏敬崇拝の念を表明するれっきとした宗教的

行為であるから、Aの靖国神社公式参拝、その際の公金支出は憲法20条3項、89条に違反している疑いが強い。そこで、X1、X2は、Aの靖国神社公式参拝が憲法20条3項、89条に違反すると考え、国を相手取り、内閣総理大臣Aの靖国神社公式参拝が違憲であることの確認を求める訴訟と、国家賠償請求訴訟を提起した。

原告のうちX1は、キリスト教教会の牧師であり、内閣総理大臣の靖国神社公式参拝が国と神道とのかかわりあいを進める効果をもち、国と神道とのかかわりあいが深まれば、他の宗教の抑圧をもたらすことになるのではないかと危惧している。X2は、父が太平洋戦争の戦死者で靖国神社に合祀されており、父が内閣総理大臣の憲法違反の参拝を受けることは我慢できないと憤っている。

しかし、X1らの訴訟において、東京地方裁判所は、違憲確認の請求については法律上の争訟性を欠く、または確認の利益を欠くとして却下（門前払い）し、国家賠償請求請求についてはX1らは権利や法律上保護される利益を侵害されていないとして、総理大臣の靖国神社公式参拝の合憲性に触れることなく訴えを棄却した。

X1らは裁判所にAの靖国神社公式参拝の合憲性を判断してもらうことはできないのであろうか。また、内閣総理大臣の靖国神社公式参拝の合憲性を裁判所で争うことができるように法律によって訴訟の間口を拡大することは可能であろうか。

II 講義 *Knowledge*

1 司法権とは何か

（1）具体的な事件（法律上の争訟）の裁判　日本国憲法76条1項は、「すべて司法権は、最高裁判所及び法律の定めるところにより設置する下級裁判所に属する」と規定している。一般に、この司法権とは、具体的な事件を法令を解

釈・適用することによって解決する国家作用であるとされている。そして，裁判所法3条1項が，「裁判所は，日本国憲法に特別の定のある場合を除いて一切の法律上の争訟を裁判」すると定めているのは，裁判所が司法権を行使するということを言い換えたものだというのが，学説の多数の立場である。この「法律上の争訟」が，先の司法権の定義における「具体的な事件」と同じ意味であるとされている。最高裁は，「法律上の争訟」とは，「当事者間の具体的な権利義務ないし法律関係の存否に関する紛争であって，法令の適用によって終局的に解決することができるもの」を意味するとしている。たとえば，衆議院，参議院による教育勅語失効決議の取消しを求める訴訟は，主観的意見または感情に基く精神的不満を根拠にするものにすぎず，なんら権利義務または法律関係の存否に関する紛争が存在しないのであるから，「法律上の争訟」ではない（最判昭28・11・17行集4巻11号2760頁等）。

　もっとも，「具体的事件」，「法律上の争訟」であるかが問題となるような事例はあまり多くない。通常は，民事訴訟，行政訴訟（処分の取消しを求める取消訴訟などの主観訴訟としての行政訴訟）について法律で定められている訴訟要件を満たしているかどうかが問題となり，訴訟要件を満たしていればそれで訴訟提起が認められるのである。

　以上要するに，「具体的な事件」，「法律上の争訟」の法的な解決が裁判所本来の役割であるとされているのである。このように司法権の対象が「具体的な事件」，「法律上の争訟」でなければならないこと（「事件性の要件」）には，いくつかの理由が考えられる。第1に，裁判所は，権利義務や法律関係についての実際の紛争があり，具体的な判断素材が裁判所に示され，また，当事者がそれにつき真剣に争っている場合に，最もよく法的な判断をすることができる。第2に，裁判所は，憲法や法律その他の法令，行政処分について法的解釈を示すことによって，立法府や行政府に対してその法的な判断の是非を示し，また，行動の指針を示すのであるが，裁判所による立法府・行政府へのそうした干渉は，裁判所が，具体的紛争解決，当事者救済のために必要に迫られて行っているのであるからこそ，権力分立に反することにならない。第3に，裁判所が「具体的な事件」，「法律上の争訟」が存在しないのに法的判断を下すことに

なると、結局、訴訟当事者でない第三者の権利について判断していることになるが、権利をどのように主張するかはその権利の保持者が決めることであるから、それは権利保持者の自律を侵害するものである。

　（2）　客観訴訟の裁判　　裁判所が実際に行っているのは、具体的事件（法律上の争訟）の裁判という本来的な司法権の行使だけではない。というのも、一般に、裁判所に本来的な司法権の行使以外の権限を法律で付与することは許されると解されているからである。裁判所法3条1項は、こうした立場に立ち、裁判所は、法律上の争訟の裁判を行うと共に、「その他法律において特に定める権限を有する」と規定している。法律によって裁判所に与えられた権限のうち重要なものが、「当事者の具体的な権利利益とは直接にかかわりなく、客観的に、行政法規の正しい適用を確保することを目的とする訴訟」である客観訴訟の裁判である。

　客観訴訟には、「自己の法律上の利益にかかわらない資格で提起」される「国又は公共団体の機関の法規に適合しない行為の是正を求める訴訟」である民衆訴訟（行政事件訴訟法5条）と「国又は公共団体の機関相互間における権限の存否又はその行使に関する紛争についての訴訟」（同法6条）である機関訴訟がある。前者の例としては、有権者や候補者が選挙の効力等を争う選挙訴訟（公職選挙法203条等）、住民が地方公共団体による違法な公金支出等を争う住民訴訟（地方自治法242条の2）、後者の例としては、都道府県知事が法定受託事務の管理・執行を怠っているなどとして主務大臣が提起する代執行訴訟（同法245条の8）がある。

　こうした本来的な司法権の行使以外の権限を法律でどこまで付与することができるのであろうか。法律による裁判所への権限付与に憲法上の限界はないのであろうか。この点、おおざっぱにいえば、司法権を行使するという裁判所の性質に矛盾しない限りでということになろう（詳しくは、**展開**2参照）。

2　司法権の独立

　裁判が公平に行われるためには司法権の独立が不可欠である。大日本帝国憲法も司法権の独立を保障しており（58条）、実際上も、1891年の大津事件を契

機に個々の裁判に行政権が干渉することはなくなったとされている。しかし，司法行政上，裁判官が司法大臣の監督下におかれており，司法権の独立の基盤は脆弱であった。日本国憲法下の司法制度においては，司法権の独立が強く保障されている。司法権の独立には，全体としての裁判所が立法府，行政府から独立して自主的に活動できること（司法府の独立）と，裁判官が裁判を行うにあたって独立して職権を行使できること（裁判官の独立）とが含まれる。まず，日本国憲法は，司法府の独立を強化する趣旨で，最高裁判所の規則制定権（77条），最高裁判所による下級裁判所裁判官の指名権（80条）を保障しているし，さらに，裁判所法等は，最高裁判所に，裁判所の職員の任免監督，庁舎等の設置，人件費・物件費の支弁等に関する司法行政権を認めている。

　さらに，憲法76条3項は，「すべて裁判官は，その良心に従ひ独立してその職権を行ひ，この憲法及び法律にのみ拘束される」と定め，裁判官の独立を宣言している。ここでいう「良心」とは，一般に，裁判官の主観的な良心（価値観・世界観・宗教上の信念等）ではなく，裁判官としての客観的良心ないし裁判官の職業倫理を意味すると理解されている。裁判官は，元検察官であろうが元弁護士であろうが，保守的な思想をもっていようが革新的な思想をもっていようが，自己の主観的な良心を抑制して憲法・法律に従って裁判しなければならない。また，憲法は，裁判官の独立を確保するために裁判官に対する身分保障について定めており，裁判により，心身の故障のために職務を執ることができないと決定された場合と，弾劾裁判による場合の他，罷免されない（78条）。

　ただし，裁判官の身分保障との関連で，憲法80条1項が下級裁判官の任期を10年と定め，再任されることができると規定していることが問題となる。学説は，再任が原則であると解しているが，最高裁判所は，再任は新任と全く同じで，再任指名名簿に載せるか否かは最高裁判所の自由裁量的な判断によって決定されるとの立場をとっている。最高裁判所によれば，再任されるか否かは最高裁判所次第というわけであり，それでは再任を希望する下級裁判所の裁判官は極めて不安定な地位に置かれることになる。

3　憲法保障と違憲審査制

（1）　憲法保障　　憲法は国の最高法規であり，憲法より下位の法規範や国家行為は憲法に反してはならない。こうした憲法の最高法規性を守る措置，すなわち，国の最高法規である憲法が，憲法の下位にある法律等の法規範や国家行為によって，その規範の意味内容を変更されることを事前に防止し，または事後に矯正する措置を「憲法の保障」という。当然のことながら，憲法は多様な憲法保障の仕組みを取り入れている。

憲法の保障についてはさまざまな分類がなされている。たとえば，憲法の枠組の中でなんらかの形で組織化・制度化されたものである組織的保障（制度化された保障）と本来制度化になじまない憲法秩序の保障手段である未組織的保障（制度化されない保障）とに分けられる。類似の分類として憲法内的保障と超憲法的保障，正規的保障と非常手段的保障という分類もある。

未組織的保障として考えられているのは，抵抗権と国家緊急権である。抵抗権とは，国家権力の憲法侵害に対して国民が実力で抵抗し，立憲秩序を回復させる権利である。抵抗権は，近代市民革命期のアメリカ独立宣言やフランス人権宣言等にうかがわれるが，本来自然法上の権利と捉えられている。しかし，日本国憲法12条が憲法の保障する国民の権利を「国民の不断の努力によつて」保持すべきと規定していることから，日本国憲法は抵抗権を実定化しているという見解も有力である。他方，国家緊急権とは，戦争，内乱など平常時の憲法秩序に従っていたのでは対応できない非常事態において，国家の存立を維持するため憲法の一部または全部を一時的に停止して事態に対処する国家の権限である。大日本帝国憲法は戒厳大権（14条），非常大権（31条）について定め，国家緊急権についての規定をおいていたが，日本国憲法は国家緊急権についての規定をおいていない。これは，日本国憲法が戦力の不保持を宣言し徹底した平和主義を採用したことと関連している。しかし，日本国憲法が不文の国家緊急権を認めているか否かについては意見が分かれている。

組織的保障は，憲法の侵害を事前に防ごうとする仕組みである予防的保障と，憲法の侵害を事後的に救済しようとする仕組みである矯正的保障とに分けられる。また，義務を負わされている者の倫理観や道義感に訴えるにとどまる

倫理的保障，国家機関による違憲の行為に対し種々の政治的手段に訴えて憲法を守る方法である政治的保障，国家機関による違憲行為の法的効果を失わせることによって憲法を守る方法である法的保障といった分類もなされている。

　ところで，日本国憲法も，憲法が最高法規でありそれに反する法規範・国家行為が無効であると宣言する（98条1項）と共に，憲法の最高法規性を守るためのさまざまな仕組みを採用している。すなわち，権力分立の制度を採用すると共に，公務員に憲法尊重擁護義務を課している（99条）。また，各議院の3分の2以上の議員の賛成に基づく発議と国民投票での過半数の承認という厳格な憲法改正手続を定め，憲法の硬性の度合いを高めている（96条）。さらに，裁判所に法律や国家行為が憲法に適合しているか否かの審査権を認める違憲審査制を採用している（81条）。これらのうち公務員の憲法尊重擁護義務の宣言は予防的保障であると共に倫理的保障，権力分立は予防的保障であると共に政治的保障，違憲審査制は矯正的保障であると共に法的保障にあたる。

　日本国憲法を含む現代憲法の採用する憲法保障の仕組みの中で最も重視されるのが違憲審査制であることは，いうまでもない。しかし，違憲審査制も万能ではなく，さまざまな憲法保障の仕組みの相互作用の中でこそ憲法の保障が図られることに留意すべきである。多様な憲法保障の仕組みの中での違憲審査制の意義と限界を捉えることが必要である。

（2）　**違憲審査制**　　違憲審査制とは，法律や国家行為が憲法に適合しているか否かを独立の審査機関が審査する制度をいう。この違憲審査制には，政治機関によるもの（政治機関型）と裁判所によるもの（裁判所型）とがある。19世紀の近代憲法においては，立法機関こそが憲法の番人であるという発想が強く，立法機関の行為の合憲性を他の機関が判断するという違憲審査制は，アメリカを除けば定着しなかった。しかし，ファシズムの経験によりこうした立法機関に対する信頼は大きく揺らぎ，第二次世界大戦後，違憲審査制が普及するに至っている。憲法の番人は議会から違憲審査機関（たいていは裁判所）へと転換したのである。

　各国において採用されている違憲審査制のほとんどは裁判所型であるが，それには，通常の司法裁判所が違憲審査権を行使する司法裁判所型と，特別の憲

法裁判所が違憲審査権を行使する憲法裁判所型とがある。司法裁判所型は，司法裁判所が通常の司法権を行使するのに必要な場合に問題の法令・国家行為の合憲性について判断を下すものである（付随的違憲審査制）。たとえば，司法裁判所が，刑事訴訟において判決を下す前提として，ある行為を禁止し違反者を処罰する法律の合憲性について判断を下すのである。また，司法裁判所型においては，下級裁判所を含むすべての司法裁判所が違憲審査権を有する（非集中型）。アメリカの違憲審査制が裁判所型の典型であるが，アメリカ合衆国憲法には裁判所に一般的な違憲審査権を認める明文規定がなく，違憲審査権は1803年の Marbury v. Madison 判決によって確立したものである。この司法裁判所型の違憲審査制は，アメリカのほかカナダ，オーストラリア，ニュージーランド，ノルウェーなどで採用されている。

憲法裁判所型の違憲審査制は第一次世界大戦後オーストリアにおいて採用されたのが最初であるが，第二次世界大戦後，（西）ドイツ，イタリア，ベルギー，スペイン等のヨーロッパ大陸諸国において広く採用されるに至っており，韓国でも1980年代末に採用されている。憲法裁判所型においては，違憲審査権は憲法裁判所だけが有し，他の裁判所は違憲審査権を有さない（集中型）。また，政治部門は，具体的な事件の存在を前提とせず，憲法裁判所に法規範や国家行為の合憲性の判断を求めることができる（抽象的違憲審査制）。たとえば，ドイツの場合，連邦憲法裁判所は，連邦政府，州政府，3分の1以上の連邦議会議員の申立に基づいて，連邦法や州法が基本法（憲法のこと）に適合するか否かを判断する（「抽象的規範統制」）。なお，憲法裁判所をもちつつ司法裁判所にも違憲審査権を認めるという，司法裁判所型と憲法裁判所型の折衷型の違憲審査制を採用する国もある（スイス，ギリシャ）。

4　わが国における違憲審査制の性格

（1）　司法裁判所型か折衷型か　　大日本帝国憲法は，裁判所に違憲審査権を認める規定を有しておらず，裁判所は違憲審査権を有さないと解されていた。違憲審査制は，わが国では日本国憲法において初めて導入されたものである。すなわち，日本国憲法は81条において，「最高裁判所は，一切の法律，命令，

規則又は処分が憲法に適合するかしないかを決定する権限を有する終審裁判所である」と定めて，裁判所型の違憲審査制を採用することを明らかにしている。もっとも，日本国憲法の採用する違憲審査制が司法裁判所型か（A説），あるいは司法裁判所型と憲法裁判所型の折衷であるか（B説）をめぐって学説上対立がある。

B説は，付随的な違憲審査権は憲法76条が裁判所に付与する司法権に含まれるとして，すべての裁判所が付随的違憲審査権を有することを前提としつつ，「最高裁判所は……が憲法に適合するかしないかを決定する権限を有する」という憲法81条の文言等を根拠に，同条は最高裁判所にとくに抽象的な違憲審査権を付与するものであると主張する。しかし，抽象的違憲審査権は伝統的な司法権概念とは異質なものであるのに，憲法81条が司法の章にあること，憲法81条が最高裁判所に抽象的違憲審査権を付与する規定であるのであれば，出訴権者，出訴事項，判決の効力等，抽象的違憲審査権の行使に関する基本的な事項が憲法に定められているはずだが，そうした定めが憲法にないこと等からして，憲法81条が最高裁判所に抽象的違憲審査権を付与する規定であると解するのには無理がある。そこで学説の圧倒的多数はA説をとり，さらにその多数は，法律でもって最高裁判所に抽象的違憲審査権を付与することは憲法違反であるとしている。

司法裁判所型であることを宣言した最高裁判決として，警察予備隊の設置にかかわる行為の違憲を主張して直接最高裁に出訴がなされた事例である警察予備隊違憲訴訟の最高裁判決が著名である（最大判昭27・10・8民集6巻9号783頁）が，最高裁は早くからその趣旨を明らかにしてきている（最大判昭23・7・8刑集2巻8号801頁，最大判昭25・2・1刑集4巻2号73頁）。

（2）　**司法裁判所型違憲審査制における違憲審査**　このように日本国憲法における違憲審査制は司法裁判所型の違憲審査制として運用されてきている。そこで，裁判所の違憲審査権は，司法権の行使に付随して行使されている。すなわち，裁判所は，司法権を行使するのに必要な場合に（つまり，訴訟において判決・決定を下すのに必要な場合に）問題の法令・国家行為の合憲性について判断を下すのである。それゆえ，独自の「憲法訴訟」はなく，なんらかの訴訟を起

こすことができなければ，裁判所に憲法判断をしてもらうことはできない。

このようにわが国の違憲審査制は実務上司法裁判所型（付随的違憲審査制）として展開してきている。ただし，裁判所は，本来的な司法権を行使するのに必要な場合にだけ違憲審査権を行使しているわけではく，客観訴訟の裁判をするにあたっても違憲審査権を行使している。たとえば，選挙訴訟は議員定数の不均衡（投票価値の不平等）を争う主たるルートになっているし，住民訴訟は地方公共団体の宗教とかかわりをもつ行為を政教分離原則違反として争うルートとして頻繁に利用されている。たとえば，最高裁は，愛媛県による靖国神社への玉串料支出等が違憲であるとして愛媛県の住民によって提起された住民訴訟において，問題の玉串料等の支出が違憲であると判断している（最大判平9・4・2民集51巻4号1673頁）。

このように裁判所は，本来の司法権を行使する場合だけでなく，法律によって付与された権限を行使するのに必要な場合にも違憲審査権を行使している。それゆえ，わが国の付随的違憲審査制において違憲審査権が行使されうる場は，実は相当広い。ただし，客観訴訟は法律において特別に創設されるものであり，法律が特別に定めた場合に法律に定められた者のみが提起することができる（行政事件訴訟法42条）。しかし，現在のところ，国レベルで，住民訴訟のように国の違法な公金支出を争う客観訴訟や，国の政教分離原則違反の行為の違憲の確認を求める客観訴訟は，法律によって創設されていない。そこで，本章のX1らは，客観訴訟を提起してAの靖国神社公式参拝の合憲性を争うことはできない。他方，住民訴訟は法定されているので，県知事の靖国神社公式参拝については，県民は誰でも住民訴訟を提起して憲法違反との判断を求めることができるのである。

Ⅲ 展　　開　　　　　　　　　　　　　*Application*

1　通常の訴訟の提訴

　以前，小泉純一郎首相が公式参拝か否か明らかにせず靖国神社への参拝を繰り返したが，それに対して各地で国や小泉首相・靖国神社を相手として損害賠償を求め，国を相手として違憲確認や差止めを求める訴訟が提起された（小泉靖国訴訟）。訴訟において，原告側は，政教分離規定はそれ自体人権規定である，あるいは，信教の自由は，自己の信ずる宗教に対して直接的侵害だけでなく，間接的侵害をも受けない自由である，靖国神社公式参拝は宗教的人格権を侵害するなどと主張したが，裁判所は，すべての訴訟において，原告には法的権利・利益の侵害がないとして，違憲確認や差止めの請求については却下し，損害賠償請求については請求を棄却した。最高裁も，「人が神社に参拝する行為自体は，他人の信仰生活等に対して圧迫，干渉を加えるような性質のものではないから，他人が特定の神社に参拝することによって，自己の心情ないし宗教上の感情が害されたとし，不快の念を抱いたとしても，これを被侵害利益として，直ちに損害賠償を求めることはできないと解するのが相当であ」り，「上告人らの主張する権利ないし利益も，上記のような心情ないし宗教上の感情と異なるものではないというべきである。このことは，内閣総理大臣の地位にある者が靖國神社を参拝した場合においても異なるものではないから，本件参拝によって上告人らに損害賠償の対象となり得るような法的利益の侵害があったとはいえない」，としている（最判平18・6・23判時1940号122頁）。

　このように国家機関が憲法の政教分離規定に違反する行為を行ったとしても，訴訟を提起し，その国家行為の合憲性につき裁判所の判断を求めることはかなり困難である。国家機関の政教分離規定違反の行為があっても，それによって法的な権利・利益が侵害されていないのであるから，訴訟を提起できないとか，不法行為を理由に損害賠償を請求することができないとされてしまう

のである（不法行為とは，権利や法律上保護される利益を故意または過失によって違法に侵害した場合に，その侵害と相当の因果関係のある損害を賠償しなければならないとするものである（民法709条）。国家賠償請求は，公権力を行使する公務員が職務上，不法行為を行った場合に，国が損害賠償をするものである。そこで，権利や法律上保護される利益の侵害がなければ，不法行為は成立しないし，国家賠償責任も発生しない）。

ただ，この最高裁判決における滝井繁男裁判官の補足意見は，「例えば緊密な生活を共に過ごした人への敬慕の念から，その人の意思を尊重したり，その人の霊をどのように祀るかについて各人の抱く感情などは法的に保護されるべき利益となり得るものである」から，「何人も公権力が自己の信じる宗教によって静謐な環境の下で特別の関係のある故人の霊を追悼することを妨げたり，その意に反して別の宗旨で故人を追悼することを拒否することができるのであって，それが行われたとすれば，強制を伴うものでなくても法的保護を求め得る」，と述べている。

これはいわゆる宗教的人格権を認めるものである。もっとも，最高裁は，既に自衛官合祀拒否訴訟判決（最大判昭63・6・1民集42巻5号277頁）において，他人にも信教の自由があるので，誰を神として崇拝するかも自由であるから，妻が亡くなった夫を優先的に慰霊する権利は認められないとして，宗教的人格権を否定している。しかし，自分の親族については優先的に慰霊する権利が認められるが，他人の信教の自由との調整がなされなければならないと解すべきではなかろうか。裁判所によってこうした宗教的人格権が法的な権利・利益として認められるのであれば，太平洋戦争の戦死者である父が靖国神社に合祀されている原告 X2 は，訴訟において靖国神社公式参拝の合憲性を争うことが認められる余地がある。

もっとも，小泉靖国訴訟の下級審判決の中には，憲法判断にまで進んだものもある。九州小泉靖国訴訟第1審判決（福岡地判平16・4・7判時1859号125頁）と大阪小泉靖国訴訟控訴審判決（大阪高判平17・9・30訟務月報52巻9号2979頁）は，小泉首相による靖国神社参拝は憲法が禁ずる公式参拝であるとしている。この両判決が憲法判断に踏み込んだことには，原告の法的な利益侵害がないなどとして原告敗訴の判断に至っている以上，不必要な憲法判断であって，不適

切であり，違法ですらある，との批判がある。しかし，両判決は，国家賠償請求が認められるための要件を順に検討していく際に，まず違法性の判断を行ったものであり，全く事件の解決とは関係のない憲法判断を示したものではない。事件の解決のために判断が必要な諸要件についてどのような順番で判断するかは，裁判所の裁量に委ねられている。それゆえ，裁判所が，違憲審査制の憲法保障機能を考慮に入れて，その裁量を行使して憲法判断を示すことは，当然に許されることであろう。

2　客観訴訟の拡大──「国民訴訟」の創設

以上見てきたように，現在，内閣総理大臣が憲法の政教分離原則違反の靖国神社公式参拝をしたとしても，訴訟を提起し，裁判所の判断を求めることはかなり困難である。とするならば，新たな客観訴訟を法律で定めてそのような訴訟を提起できるようにしたらどうであろうか。

客観訴訟を法律で定めることについて，従来は立法政策の問題であって，国会は自由に判断できると考えられていた。しかし，最近では，抽象的違憲審査制を法律で創設することができないという限界を超えてはならないし，また，客観訴訟の裁判権限を裁判所に与えることによって「司法権を行使する裁判所」という性格を変質させることは許されない，という主張が有力になされている。たとえば，有力な見解は，本来の「司法権」ならざる作用を法律で裁判所に付与することができるのは，具体的な国家の行為があり，裁判による決定になじみやすい紛争の形態をとる場合に限られる，としている。そして，こうした問題提起を受けて，裁判所に「法律上の争訟」の裁判以外の権限をどこまで法律によって付与することができるかについて，前述してきたような司法権の観念や「事件性の要件」，「法律上の争訟」の概念の理解の是非も含めて活発な議論がされているところである。

ただ，いずれにせよ，法律でもって，国家機関による違法な公金支出があった場合に，国民が誰でもその差止めや違法性の確認を求め，あるいは国への損害賠償等を求め訴訟を提起することができるようにすることは，いわば住民訴訟の国版（「国民訴訟」）を法律で創設するものであるから，憲法上許されるで

あろう。

　だとしても，国家の行為によって法的権利・利益を侵害された人がいないにもかかわらず，裁判所に当該国家行為の合憲性・合法性を判断させる仕組みを作ることの政策的な是非という問題は残る。裁判所が適切な法的な判断をしてくれるような条件が確保できているのか。裁判所に法的権利・利益の侵害がない場合に法的判断をする権限を与えることが，裁判所本来の権限（司法権の行使）に悪影響を与えないのか。こうした点についてなお検討する必要があろう。

〔参考文献〕
市川正人「内閣総理大臣の靖国神社公式参拝と政教分離」『ケースメソッド憲法〔第2版〕』（日本評論社，2009年）92頁
駒村圭吾「総理大臣の靖國参拝による法的利益の侵害の有無」ジュリスト臨時増刊『平成18年度重要判例解説』（有斐閣，2007年）16頁
安念潤司「司法権の観念」高橋和之＝大石眞編『憲法の争点』（有斐閣，2008年）250頁
佐藤幸治『日本国憲法論』（成文堂，2011年）581頁以下

【市川正人】

第15章 地方自治

地方自治は誰のためにあるのか

Ⅰ 事　例　　　　　　　　　　*Starting Point*

　地方自治をめぐっては，90年代以降，規制改革，公務の外部化・民営化，平成の市町村合併，道州制論議など，国におかれた各種委員会，総務省からの上からの改革などめまぐるしいものであった。そこでは「地方分権改革」という言葉が使われ，新しい「国のかたち」を実現するための法改正がなされてきた。政権交代後，最近では「地域主権改革」ということばで改革が進められようとしている。

　2010年（平成22年6月22日）に閣議決定された「地域主権戦略大綱」によると，地域主権改革の意義と定義は以下のようにされている。「地域主権改革は，明治以来の中央集権体質から脱却し，この国の在り方を大きく転換する改革である。国と地方公共団体の関係を，国が地方に優越する上下の関係から，対等の立場で対話のできる新たなパートナーシップの関係へと根本的に転換し，国民が，地域の住民として，自らの暮らす地域の在り方について自ら考え，主体的に行動し，その行動と選択に責任を負うという住民主体の発想に基づいて，改革を推進していかなければならない」「『地域主権改革』とは，『日本国憲法の理念の下に，住民に身近な行政は，地方公共団体が自主的かつ総合的に広く担うようにするとともに，地域住民が自らの判断と責任において地域の諸課題に取り組むことができるようにするための改革』である。『地域主権』は，こ

の改革の根底をなす理念として掲げているものであり，日本国憲法が定める『地方自治の本旨』や，国と地方の役割分担に係る『補完性の原則』の考え方と相まって，『国民主権』の内容を豊かにする方向性を示すものである」。

この大綱では，国と地方の役割分担については，「『依存と分配』の仕組みを『自立と創造』の仕組みに転換しなければならない」とし，住民による選択と責任を強調している。

このような地方分権改革から地域主権改革の流れは，はたして住民のための改革であろうか。

II 講義　　　*Knowledge*

1　地方自治の意義

（1）　地方自治とは　　James Bryce によれば，「地方自治は民主政治の最良の学校であり，その成功の最良の保証人である」（J. ブライス／松山武訳『近代民主政治』岩波書店，1921年）といわれている。国の統治機構のなかで地方の政治は地域に密着した住民の意思に基づいて，地方団体がおこなうことが地方自治制度の意義である。

地方自治制度は，西欧諸国では近代市民革命以降確立され長い歴史があり，とりわけヨーロッパでは80年代以降地方分権化が進み，ヨーロッパ地方自治憲章（1988年発効）に結実している。

（2）　わが国の地方自治の歴史

・大日本帝国憲法下での展開

明治維新による版籍奉還（1869（明治2）年），廃藩置県（1871（明治4）年）を経て，わが国の近代地方自治は，三新法（郡区町村編制法，府県会規則，地方税規則）（1878（明治11）年），区町村会法（1880（明治13）年），市制・町村制（1888（明治21）年），府県制・郡制（1890（明治23）年）で確立する。しかしながら，1889（明治22）年に制定された大日本帝国憲法には地方自治の規定はなく，確

立した地方自治体制は中央集権的,官治的色彩の強いものであった。

・日本国憲法の制定と地方自治法

日本国憲法になってようやく地方自治の問題が憲法問題となり,92条から95条までの地方自治の章が制定され,同時に地方自治法も施行された。

戦後地方自治制度を強化する動きは進んだが,特別区の区長公選制廃止や教育委員の公選制廃止など地方公共団体の権限を弱める例もあった。

・地方分権改革

90年代になると地方分権が政治課題となってくる。地方分権改革のきっかけとなったのは,衆議院および参議院での「地方分権の推進に関する決議」(1993（平成5）年）である。その後,地方分権推進委員会（1995（平成7）年7月発足),地方分権改革推進会議（2001（平成13）年7月発足),地方分権改革推進委員会（2007（平成19）年発足）が組織され,この間,1999（平成11）年7月に,地方分権の推進を図るための関係法律の整備等に関する法律（地方分権一括法）が成立し,翌年4月に施行された。この法律は国と地方の役割の明記や機関委任事務の廃止など地方自治制度を大きく変えるものであった。

一方,内閣府に設置されている地方制度調査会は,地方分権改革についていくつかの重要な答申をだしてきた。

第27次地方制度調査会「今後の地方自治制度のあり方に関する答申」(2003（平成15）年11月),第28次地方制度調査会,「地方の自主性・自律性及び地方議会のあり方に関する答申」(2005（平成17）年),「道州制のあり方に関する答申」(2006（平成18）年),第29次地方制度調査会「今後の基礎自治体及び監査・議会制度のあり方に関する答申」(2009（平成21）年）などである。

現在第30次地方制度調査会は,「住民の意向をより一層地方公共団体の運営に反映できるようにする見地からの議会のあり方を始めとする住民自治のあり方,我が国の社会経済,地域社会などの変容に対応した大都市制度のあり方及び東日本大震災を踏まえた基礎自治体の担うべき役割や行政体制のあり方などについて,地方自治の一層の推進を図る観点から,調査審議を求める」ことを内閣総理大臣から諮問されている。

最近注目されている道州制については,地方制度調査会答申以降,特命担当

大臣（道州制担当）の下に設置された道州制ビジョン懇談会中間報告，自民党道州制本部「道州制に関する第3次中間報告」（2008（平成20）年）などがある。

さらに地方自治全体については，さきにみた地域主権戦略大綱が閣議決定され（2010（平成22）年），地方自治法の抜本改正が準備され，その一部の改正は施行されている。

（3）　地方自治の根拠　　憲法は，第92条で，「地方公共団体の組織及び運営に関する事項は，地方自治の本旨に基いて，法律でこれを定める」と定めている。

ここでいう地方自治の本旨は，住民自治と団体自治の2つの要素があるとされ，住民自治とは，地方行政の処理を中央政府の干渉を排してその地方の住民の意思に基づき自主的に処理させることであり，政治的意義における自治で，民主主義的要素である。団体自治とは，国から独立した法人格をもつ地域団体の設置を認め，この地域団体の機関によって地方行政を行わせることであり，法律的意義における自治で，自由主義的要素だと説明されている。

次に，地方自治の保障の性質については，従来，固有権説，伝来説（承認説），制度的保障説がとなえられてきた。固有権説は，地方公共団体の自治権は，個人の基本的人権と同じく，地方公共団体がもつ固有かつ不可侵の権利で前国家的なものとする。伝来説（承認説）は，地方公共団体の自治権は国家の主権に由来し，国家の承認，委任にもとづくものと説明する。制度的保障説は，地方自治という歴史的・伝統的・理念的な公法上の制度を保障したものと解する。

制度的保障説が通説であると言われるが，必ずしもそう言い切れない面もあり，現在では，新固有権説，人民主権説などが主張され，「憲法の全体構造のなかで，主権論や人権論とリンクさせて地方自治の本旨」を理解する必要が指摘されている（辻村みよ子『憲法〔第4版〕』日本評論社，2012年，509頁，白藤博行ほか『アクチュアル地方自治法』法律文化社，2010年，7～11頁）。

2　地方公共団体とその機関

地方公共団体の定義について憲法は規定しておらず，地方自治法では，地方

公共団体は、普通地方公共団体及び特別地方公共団体とし、普通地方公共団体は、都道府県及び市町村とする。特別地方公共団体は、特別区、地方公共団体の組合及び財産区とされている（自治法1条の3。以下数字だけの場合、地方自治法をさす）。

　かつて、東京都の特別区の区長公選制が廃止された際に、最高裁は特別区区長公選制廃止事件で、憲法上の地方公共団体といえるには、「事実上住民が経済的文化的に密接な共同生活を営み、共同体意識をもっているという社会的基盤が存在し、沿革的にみても、また現実の行政の上においても、相当程度の自主立法権、自主行政権、自主財政権等地方自治の基本的権能を附与された地域団体であることを必要とする」（最大判昭38・3・27刑集17巻2号121頁）と判示した。

　都道府県と市町村の二層制を立法政策とするか憲法が要請しているかについては学説が分かれており、道州制に対する判断に影響する。自民党の憲法改正案（2005年）では、市町村と都道府県という語はなく、「地方自治体は、基礎地方自治体及び広域地方自治体とする」とされている。

3　地方公共団体の組織

・首長主義

　議決機関としての議会と執行機関としての長がともに住民の直接選挙によって選ばれ、それぞれの自主性を尊重しながら均衡と調和を図る体制になっている。

・地方公共団体の議会

　議事機関として議会が設置され、住民が直接選挙する議員によって構成されている（93条）。

　議員の定数の定数について、従来は地方自治法で定められていたが、法定の上限を超えない範囲内で条例で定めることができるようになった。議員は、衆議院議員又は参議院議員、常勤の職員との兼職が禁止されている（92条）。

　被選挙権は、普通地方公共団体の議会の議員の選挙権を有する者で年齢満25年以上（19条）で、任期は4年（93条）である。住民から議会の解散および解

職の請求を受ける場合があり（76条以下），長の不信任決議権がある（178条）。

・地方公共団体の長

　都道府県には知事，市町村には市町村長がおかれている（139条）。被選挙権は知事が年齢満30年以上，市町村長が年齢満25年以上（19条2項・3項）で任期4年（140条）である。長についても解職制度がある。議会の不信任決議に対して議会の解散権をもつ（178条）。

4　地方公共団体の権能

　憲法94条によると，「地方公共団体は，その財産を管理し，事務を処理し，及び行政を執行する権能を有し，法律の範囲内で条例を制定することができる」ことになっている。

　（1）**地方公共団体の事務**　地方自治法によれば「地方公共団体は，住民の福祉の増進を図ることを基本として，地域における行政を自主的かつ総合的に実施する役割を広く担うものとする」（自治法1条の2）と規定し，「普通地方公共団体は，地域における事務及びその他の事務で法律又はこれに基づく政令により処理することとされるものを処理する」（2条2項）。

　1991年の地方自治法の改正で，自治事務と法定受託事務という区別を導入し，従来あった機関委任事務は廃止された。

　自治事務は「地方公共団体が処理する事務のうち，法定受託事務以外のものをいう」（2条8項），法定受託事務は，「法律又はこれに基づく政令により都道府県，市町村又は特別区が処理することとされる事務のうち，国が本来果たすべき役割に係るものであつて，国においてその適正な処理を特に確保する必要があるものとして法律又はこれに基づく政令に特に定めるもの」（2条9項1号）と「法律又はこれに基づく政令により市町村又は特別区が処理することとされる事務のうち，都道府県が本来果たすべき役割に係るものであつて，都道府県においてその適正な処理を特に確保する必要があるものとして法律又はこれに基づく政令に特に定めるもの」（2条9項2号）と規定されている。

　（2）**条例制定権**　憲法は地方公共団体に条例制定権を与えている。条例は地方公共団体が制定する自主法であるが，ここでいう条例には議会が制定す

る条例のほか長の制定する規則も含まれると解されている。

・条例制定権の範囲

条例制定権は無制約ではなく，範囲と限界があるといわれている。

まず，憲法上，法律で定めるとされている事項について条例を制定できるかどうかという「法律の留保と条例」の問題がある。

財産権の内容について，学説は条例で規制が可能であるというのが多数説で，判例も奈良県ため池条例事件で「ため池の堤とうを使用する財産上の権利を有する者は，本条例一条の示す目的のため，その財産権の行使を殆んど全面的に禁止されることになるが，それは災害を未然に防止するという社会生活上の已むを得ない必要から来ることであつて，ため池の堤とうを使用する財産上の権利を有する者は何人も，公共の福祉のため，当然これを受忍しなければならない責務を負うというべきである。すなわち，ため池の破損，決かいの原因となるため池の堤とうの使用行為は，憲法でも，民法でも適法な財産権の行使として保障されていないものであつて，憲法，民法の保障する財産権の行使の埒外にあるものというべく，従つて，これらの行為を条例をもって禁止，処罰しても憲法および法律に牴触またはこれを逸脱するものとはいえない」(最判昭38・6・26刑集17巻5号521頁) としている。

次に罰則の委任について憲法31条および73条6号との関係で合憲性が問題となるが，大阪市売春防止条例事件で最高裁は以下のような理由で合憲としている。「条例は，法律以下の法令といつても，上述のように，公選の議員をもって組織する地方公共団体の議会の議決を経て制定される自治立法であつて，行政府の制定する命令等とは性質を異にし，むしろ国民の公選した議員をもって組織する国会の議決を経て制定される法律に類するものであるから，条例によつて刑罰を定める場合には，法律の授権が相当な程度に具体的であり，限定されておればたりると解するのが正当である」(最大判昭37・5・30刑集16巻5号577頁)。

さらに，憲法30条，84条の租税法律主義との関係で「法律」に条例が含まれるか否かが問題となる。学説によって説明の仕方は異なるが自治体の課税権を認める説が多数である。

最高裁も旭川市国民健康保険条例違憲訴訟で、「国、地方公共団体等が賦課徴収する租税以外の公課であっても、その性質に応じて、法律又は法律の範囲内で制定された条例によって適正な規律がされるべきものと解すべきであり、憲法84条に規定する租税ではないという理由だけから、そのすべてが当然に同条に現れた上記のような法原則のらち外にあると判断することは相当ではない」（最大判平18・3・1民集60巻2号587頁）と判示している。

・限　　界

　憲法94条は「法律の範囲内で条例を制定することができる」、地方自治法14条は「法令に違反しない限りにおいて」条例を制定できるとしている。

　かつて公害問題において「上乗せ条例」（法律と同一対象でより厳しい規制）や「横出し条例」（法律が規制対象としていないものに規制）が制定されたが、当時は、法律の委任がなければ条例で規定できないという「法律の先占」論が有力に主張されていたため大きな問題となった。

　この点について最高裁は徳島市公安条例事件で、「条例が国の法令に違反するかどうかは、両者の対象事項と規定文言を対比するのみでなく、それぞれの趣旨、目的、内容及び効果を比較し、両者の間に矛盾牴触があるかどうかによつてこれを決しなければならない。例えば、ある事項について国の法令中にこれを規律する明文の規定がない場合でも、当該法令全体からみて、右規定の欠如が特に当該事項についていかなる規制をも施すことなく放置すべきものとする趣旨であると解されるときは、これについて規律を設ける条例の規定は国の法令に違反することとなりうるし、逆に、特定事項についてこれを規律する国の法令と条例とが併存する場合でも、後者が前者とは別の目的に基づく規律を意図するものであり、その適用によつて前者の規定の意図する目的と効果をなんら阻害することがないときや、両者が同一の目的に出たものであつても、国の法令が必ずしもその規定によつて全国的に一律に同一内容の規制を施す趣旨ではなく、それぞれの普通地方公共団体において、その地方の実情に応じて、別段の規制を施すことを容認する趣旨であると解されるときは、国の法令と条例との間にはなんらの矛盾牴触はなく、条例が国の法令に違反する問題は生じえないのである」（最大判昭50・9・10刑集29巻8号489頁）とのべ、この基準で条

例が法律の範囲内にないとされたものもある（高知市普通河川管理条例事件・最判昭53・12・21民集32巻9号1723頁）。

今後は、地方公共団体の事務、条例の意味、都道府県と市町村の関係などもふまえていかに法令と条例の関係を明確化するかが課題となろう。

5　住民の権利

（1）**選挙権**　憲法93条2項は「地方公共団体の長、その議会の議員及び法律の定めるその他の吏員は、その地方公共団体の住民が、直接これを選挙する」としている。

ここでの選挙権をもつものは日本国籍を有するものと解されているので、この規定の合憲性が争われた。定住外国人の地方参政権をめぐって最高裁は次のように述べている。「憲法九三条二項にいう『住民』とは、地方公共団体の区域内に住所を有する日本国民を意味するものと解するのが相当であり、右規定は、我が国に在留する外国人に対して、地方公共団体の長、その議会の議員等の選挙の権利を保障したものということはできない」、「憲法第八章の地方自治に関する規定は、民主主義社会における地方自治の重要性に鑑み、住民の日常生活に密接な関連を有する公共的事務は、その地方の住民の意思に基づきその区域の地方公共団体が処理するという政治形態を憲法上の制度として保障しようとする趣旨に出たものと解されるから、我が国に在留する外国人のうちでも永住者等であってその居住する区域の地方公共団体と特段に緊密な関係を持つに至ったと認められるものについて、その意思を日常生活に密接な関連を有する地方公共団体の公共的事務の処理に反映させるべく、法律をもって、地方公共団体の長、その議会の議員等に対する選挙権を付与する措置を講ずることは、憲法上禁止されているものではないと解するのが相当である」（最判平7・2・28民集49巻2号639頁）。

（2）**地方自治特別法の住民投票**　憲法95条は、「一の地方公共団体のみに適用される特別法は、法律の定めるところにより、その地方公共団体の住民の投票においてその過半数の同意を得なければ、国会は、これを制定することができない」と規定している。

この具体例に，広島平和記念都市建設法（1949（昭和24）年）や旧軍港市転換法（1950（昭和25）年）がある。後者は，旧軍港市（横須賀市，呉市，佐世保市及び舞鶴市をいう）を平和産業港湾都市に転換することにより，平和日本実現の理想達成に寄与することを目的とした法律で，これらは国会単独立法の原則の例外であると説明されている。

（3）　直接請求制度　地方自治法は，国政とは異なり，直請求制度とそれに基づく住民投票を認めており，それには，条例の制定改廃請求権（自治法12条1項・74条～74条の4），事務の監査請求権（12条2項・75条），議会の解散請求権（13条・76条～79条），解職請求権（13条2項・3項・80条～88条）があり，さらに財務事項について住民監査請求権が認められ，監査委員の監査に不服がある場合は住民訴訟を提起することが可能である（242条・242条の2・242条の3）。

この他に，原発や市町村合併をめぐって住民投票が行われることが増えて，条例に基づく住民投票が実施されている。

Ⅲ　展開　　　　　　　　　　　　　　*Application*

90年代の地方分権改革は，地方分権一括法により，国と地方の役割分担を明確にし，機関委任事務の廃止や国の地方への関与のルールを明確にしたなど評価できる面はあるが，いわゆる三位一体の改革（国庫補助負担金の廃止・縮減，税源移譲を含む税源配分の見直し，地方交付税の改革）は，実際には，「バラバラの改悪」といわれるように，地方分権改革をすすめる財源の保障は当初の方針とは全く違ったものになった。

「平成の大合併」は，何度かの市町村合併特例法の改正を経て，総務省が「市町村の合併の推進についての指針の策定について」（平成11年指針通知（1999年8月））をだし，さらに行政改革大綱（2000年12月）が，1000自治体を目標とするという数値目標を明らかにしたことで大きく動いた。

「平成の大合併」はかなり強引に進められたが，その内容の特徴は，第1に，

期限が決められ (2005年3月末), それまでに申請すれば, 2005年度末まで特例法の適用があること, 第2に, 財政措置として, 特別交付税, 普通交付税額の算定の特例 (合併算定替), 合併特例債 (元利償還金の70％を普通交付税措置) が認められたこと, 第3に, 議員に関して, 定数特例, 在任特例 (議員共済年金) で激変を緩和しようとしたこと, 第4に, 住民投票の利用 (住民発議) などがあり, さらに, 人口3万人以上を有すれば市となることができる特例 (5万人の要件) も合併を促進する要因でもあった。

　そもそも, 「平成の大合併」は, 推進する背景として, 総務省は, ①地方分権の推進, ②少子高齢化の進展, ③広域的な行政需要が増大, ④構造改革への対応, 昭和の大合併から50年が経過し時代が変化したこと, をあげ, この課題に対応するため基礎的自治体である市町村の行財政基盤を強化する手段として市町村合併があるとしている。しかし, 明治, 昭和の合併と違い, 何を基準に合併するのかが示されずに, 単に市町村の数を減らすことだけが追求された。その結果, 合併後, 都道府県によって極端に進捗度のひらきがあり, 合併しない小規模自治体の問題も十分に検討されないまま残された。その後は, 政令指定都市をはじめとする大都市制度や道州制論に議論の中心が移行している。

　「地域経営主体としての道州政府を創出する」(自民党道州制本部「道州制に関する第3次中間報告」) という道州制論に対しては, 憲法が想定する国家と地方の役割ではなく, 「小さくて強い国家」の構想のもとで進められようとしているもので, それに対抗するものとして「道州制にみられる上からの改革に対抗し, 現行憲法の保障する地方自治を実現するためには, 地域で暮らす住民の生活から出発する市町村自治の保障から広域へと視点を拡大していく都道府県論が必要となる」という指摘がある (白藤博行ほか『アクチュアル地方自治法』法律文化社, 2010年, 32頁)。

　このような地方自治制度の改革の歴史をみると, 現在進行中の「地域主権改革」, その具体化である地方自治法の抜本改革は, とうてい住民のものとはなっていない。地域主権改革は日本国憲法が定める「地方自治の本旨」の具体化というより, 道州制に結びついた構想に思われ, 国民や住民ではなく「地域」が主権をもつことに違和感を覚える。改めて, 基礎的自治体のあり方につ

いてしっかりとした議論を行ったうえで地方自治制度の改革を行うことが住民のための地方自治だと思われる。

〔参考文献〕
高田敏＝村上武則編『ファンダメンタル地方自治法（第2版）』（法律文化社，2009年）
白藤博行ほか『アクチュアル地方自治法』（法律文化社，2010年）
宇賀克也『地方自治法概説〔第4版〕』（有斐閣，2011年）
大津浩編著『地方自治の憲法理論の新展開』（敬文堂，2011年）
兼子仁『変革期の地方自治法』（岩波書店，2012年）

【木藤伸一朗】

あ と が き

　本書は，立命館大学名誉教授中島茂樹先生の定年退職を記念する出版として企画されたものである。中島先生は，1946年に兵庫県姫路市でお生まれになり，中央大学法学部卒業後，名古屋大学大学院法学研究科を修了され，同大学助手，横浜国立大学助教授を経て，1980年に立命館大学に赴任された。それ以降，2011年3月まで同大学法学部で研究・教育に携わられ，現在は，立命館大学特任教授として，法学部や法科大学院で引き続き教鞭をとっておられる。

　中島先生は，ドイツ憲法学を中心として，人権と制度に関する比較憲法理論史を研究テーマとされてきた。「市民革命」はいかなる内実をともなった「革命」なのかという問題，ヴァイマル体制の崩壊と「制度的」法思考，国家と法の公共性分析，憲法学における人間像などに特に関心をもたれ，重厚で緻密な多くの業績によって，学界や裁判に大きな影響を与え続けられておられる（詳細は，立命館法学2010年5・6号（2011年）ⅴ頁以下，1974頁以下参照）。

　これらの貴重な理論的業績を生み出されただけではなく，中島先生は，実践の人でもあり，日本社会の現実の問題に一貫して関心をもって，憲法原理の擁護と実現のために，活動されてきた。大学内では，教職員組合や学園の民主主義的運営を求める運動の先頭に立たれ，また，学外でも，たとえば憲法の改悪を阻止し，憲法をくらしに生かすことをめざす京都憲法会議の事務局長や幹事として，憲法運動の中心的な役割を担われている。このような中島先生のご姿勢を本書でも少しでも受け継ぐべく，内容・構成等を工夫したつもりである。

　本書の執筆者は，中島先生の年下の同僚，後輩，立命館大学の大学院生，京都憲法会議事務局員としてお世話になったものである。中島先生には，これまでさまざまな気配りをしていただいたことに感謝申し上げるとともに，ご健康にご留意いただき，引き続き理論と実践の両面において，我々をご指導いただきつつ，一層のご活躍を心から祈念させていただきたい。

　　2012年春

編　　者

判例索引

最高裁判所

最大判昭23・3・12刑集 2 巻 3 号191頁	93
最大判昭23・5・5刑集 2 巻 5 号447頁	90
最大判昭23・6・30刑集 2 巻 7 号777頁	93
最大判昭23・7・8刑集 2 巻 8 号801頁	180
最大判昭25・2・1刑集 4 巻 2 号73頁	180
最大判昭25・10・11刑集 4 巻10号2037頁	28
最判昭25・12・28民集 4 巻12号683頁	103
最判昭27・8・6刑集 6 巻 8 号974頁〔朝日新聞記者証言拒否事件〕	53
最大判昭27・10・8民集 6 巻 9 号783頁	131
最大判昭27・10・8民集 6 巻 9 号783頁	180
最判昭28・11・17行集 4 巻11号2760頁	174
最大判昭28・12・23民集 7 巻13号1523頁〔農地改革事件〕	71
最大判昭30・11・22民集 9 巻12号1793頁〔レッド・パージ事件〕	31
最大判昭30・12・14刑集 9 巻13号2760頁	89
最大判昭31・7・4民集10巻 7 号785頁〔謝罪広告強制事件〕	38
最判昭32・3・13刑集11巻 3 号997頁〔『チャタレー夫人の恋人』事件〕	58
最大判昭32・6・19刑集11巻 6 号1663頁	104
最大判昭32・12・25刑集11巻14号3377頁	104
最大判昭33・9・10民集12巻13号1969頁〔帆足計事件〕	69
最大判昭34・12・16刑集13巻13号3225頁	132
最大判昭35・6・8民集14巻 7 号1206頁〔苫米地事件〕	168
最判昭35・7・20刑集14巻 9 号1243頁〔東京都公安条例事件〕	57
最判昭37・5・2刑集16巻 5 号495頁	92
最大判昭37・5・30刑集16巻 5 号577頁〔大阪市売春防止条例事件〕	192
最大判昭37・11・28刑集16巻11号1593頁〔第三者所有物没収事件〕	88
最大判昭38・3・27刑集17巻 2 号121頁〔特別区区長公選制廃止事件〕	190
最大判昭38・5・15刑集17巻 4 号302頁〔加持祈祷事件〕	39
最判昭38・6・26刑集17巻 5 号521頁〔奈良県ため池条例事件〕	192
最大判昭39・5・27民集18巻 4 号676頁	28
最大判昭42・5・24民集21巻 5 号1043頁〔朝日訴訟〕	77
最大判昭43・12・14刑集23巻12号1625頁	19
最決昭44・11・26刑集23巻11号1490頁〔博多駅テレビフィルム提出事件〕	52
最大判昭47・11・22刑集26巻 9 号586頁〔小売市場事件〕	67

最大判昭47・11・22刑集26巻9号554頁〔川崎民商事件〕	93
最大判昭47・12・20刑集26巻10号631頁〔高田事件〕	91
最大判昭48・4・4刑集27巻3号265頁	27
最大判昭48・4・25刑集27巻4号547頁〔全農林警職法事件〕	83
最大判昭48・12・12民集27巻11号1536頁〔三菱樹脂事件〕	31
最判昭49・11・6刑集28巻9号393頁〔猿払事件〕	57
最大判昭50・4・30民集29巻4号572頁〔薬事法距離制限事件〕	21, 66
最大判昭50・9・10刑集29巻8号489頁〔徳島市公安条例事件〕	57, 193
最大判昭51・5・21刑集30巻5号615頁〔旭川学テ事件〕	80
最大判昭51・5・21刑集30巻5号1178頁〔岩教組学テ事件〕	83
最大判昭52・5・4刑集31巻3号182頁〔全逓名古屋中郵事件〕	83
最大判昭52・7・13民集31巻4号533頁〔津地鎮祭事件〕	41
最大判昭53・10・4民集32巻7号1223頁	104
最大判昭53・12・21民集32巻9号1723頁〔高知市普通河川管理条例事件〕	194
最大判昭55・11・28刑集34巻6号433頁〔『四畳半襖の下張り』事件〕	58
最大判昭56・3・24民集35巻2号300頁〔日産自動車事件〕	26, 115
最大判昭56・6・15刑集35巻4号205頁	58
最大判昭56・7・21刑集35巻5号568頁	58
最大判昭57・7・7民集36巻7号1235頁〔堀木訴訟〕	78
最大判昭57・9・9民集36巻9号1679頁	132
最大判昭59・12・12民集38巻12号1308頁, 判時1139号12頁〔税関検査事件〕	53-55
最大判昭59・12・18刑集38巻12号3026頁〔吉祥寺駅事件〕	57
最判昭61・6・11民集40巻4号872頁〔「北方ジャーナル」事件〕	55
最大判昭62・4・22民集41巻3号408頁〔森林法事件〕	70
最大判昭63・6・1民集42巻5号277頁〔自衛官合祀拒否訴訟〕	183
最判平元・3・2判時1363号68頁〔塩見訴訟〕	106
最判平元・3・7判時1308号111頁	68
最大判平元・6・20民集43巻6号385頁〔百里基地訴訟〕	133
最大判平4・7・1民集46巻5号437頁〔成田新法事件〕	94
最判平4・12・15民集46巻9号2829頁	68
最判平5・2・26判時1452号37頁	107
最判平5・3・16民集47巻5号3483頁〔家永教科書事件〕	56
最判平7・2・28民集49巻2号639頁	107, 194
最大決平7・7・5民集49巻7号1789頁	32
最判平7・12・5判時1563号81頁	117
最判平7・12・15刑集49巻10号842頁	19
最判平8・3・8民集50巻3号469頁〔エホバの証人剣道実技拒否事件〕	40
最大判平9・4・2民集51巻4号1673頁〔愛媛県玉串料訴訟〕	42, 181
最判平10・3・13裁時1215号5頁	107
最判平11・2・23判時1670号3頁	48

最決平11・12・16刑集53巻9号1327頁 …… 95
最判平13・9・25判時1768号47頁 …… 106
最大判平14・2・13民集56巻2号331頁〔証券取引法事件〕 …… 64, 70
最判平15・2・19民集62巻2号445頁 …… 48
最判平15・3・28判時1820号62頁 …… 35
最判平15・3・31判時1820号64頁 …… 35
最大判平17・1・26民集59巻1号128頁 …… 109
最大判平18・3・1民集60巻2号587頁〔旭川市国民健康保険条例違憲訴訟〕 …… 193
最判平18・6・23判時1940号122頁 …… 182
最決平18・10・3民集60巻8号2647頁〔NHK嘱託証人尋問拒絶事件〕 …… 52
最大判平18・11・27判タ1232号82頁 …… 64
最判平19・2・27民集61巻1号291頁〔ピアノ伴奏拒否事件〕 …… 44
最判平20・3・26民集62巻3号665頁 …… 19
最判平20・4・11刑集62巻5号1217頁〔立川反戦ビラ配布事件〕 …… 57
最大判平20・6・4民集62巻6号1367頁 …… 101
最大判平22・1・20民集64巻1号1頁〔空知太神社訴訟〕 …… 42
最判平23・5・30判時2123号3頁 …… 37
最判平23・6・6判時2123号18頁 …… 37
最判平23・6・14判時2123号23頁 …… 37
最判平23・7・7判時2130号144頁 …… 37

高等裁判所

大阪高判昭50・11・27判時797号36頁〔大阪空港公害訴訟〕 …… 17
札幌高判昭51・8・5行集27巻8号1175頁〔長沼訴訟〕 …… 132
東京高判平元・2・9判時1629号34頁 …… 20
東京高決平5・6・23判時1465号55頁 …… 34
東京高決平6・11・30判時1512号3頁 …… 34
大阪高判平17・9・30訟務月報52巻9号2979頁〔大阪小泉靖国訴訟〕 …… 183
名古屋高判平20・4・17判時2056号74頁 …… 133
名古屋高判平20・12・22 …… 111
東京高判平22・3・29判タ1340号105頁〔堀越事件〕 …… 58
東京高判平22・5・13判タ1351号123頁〔世田谷事件〕 …… 58
大阪高決平23・8・24金融・商事判例1382号40頁 …… 35

地方裁判所

東京地判昭34・3・30下刑集1巻3号776頁 …… 132
東京地判昭39・9・28下民集15巻9号2317頁〔『宴のあと』事件〕 …… 17, 18, 56
東京地判昭41・12・20労民17巻6号1407頁〔住友セメント事件〕 …… 115
札幌地判昭42・3・29下刑集9巻3号359頁〔恵庭事件〕 …… 132
札幌地判昭48・9・7判時712号24頁〔長沼訴訟〕 …… 132

東京地判昭61・3・20行集37巻3号347頁〔日曜日授業参観事件〕……………………… 39
東京地判平5・11・19判時1486号21頁…………………………………………………… 118
東京地判平6・12・16判時1562号141頁…………………………………………………… 118
熊本地判平13・5・11判時1748号30頁…………………………………………………… 14, 21
福岡地判平16・4・7判時1859号125頁〔九州小泉靖国訴訟〕………………………… 183
東京地八王子支判平16・12・16判時1892号150頁〔立川反戦ビラ配布事件〕………… 57
東京地判平18・9・21判時1952号44頁〔君が代・日の丸予防訴訟〕………………… 45
仙台地判平20・10・22……………………………………………………………………… 121
京都地判平22・3・31判時2091号69頁…………………………………………………… 112
京都地判平22・5・27労判1010号11頁…………………………………………………… 111, 120

事項索引

あ 行

「家」制度……………………113
違憲審査制……………8, 178
　抽象的――……………179
　付随的――……………179

か 行

外国人
　――の人権……………97
　――の政治献金………97
閣　議……………………166
学習権……………………79
間接適用説………………116
議　院
　――の自律権…………154
　――内閣制……………163
規制目的二分論…………67
客観訴訟……………175, 184
教科書検定………………56
均衡本質説………………164
警察予備隊………………127
憲　法……………………1
　――保障………………177
　近代――……………7, 8
　近代的意味の――……3
　現代――………………6
　固有の意味の――……3
　大日本帝国――………38
　立憲的意味の――……3
検　閲……………………53
権　利
　――性質説……………104
　教育を受ける――……78
　具体的――説…………77
　抽象的――説…………77
　被疑者の――…………88
　被告人の――…………90
権力分立の原理…………4
個人の尊重……………4, 14
固有性……………………100
戸別訪問…………………58
幸福追求権……………10, 13, 15
皇室典範…………………142
控除説……………………162
行政権……………………161
合理性の基準……………33
　厳格な――……………68
告知と聴聞………………88
国　家
　――緊急権……………177
　――の教育権説………79
国　会
　――単独立法の原則…153
　――中心立法の原則…153
国際人権規約……………103
国際人権条約……………11
国事行為…………………142
国政調査権………………154
国　籍……………………101
国　民……………………138
　――主権の原理……4, 138
　――の義務……………5
　――の教育権説………79
国務大臣…………………166
国連平和維持活動（PKO）……128

さ 行

再婚禁止期間……………116
裁判官……………………176

──の身分保障‥‥‥‥‥‥‥‥‥‥ 176
　　──の良心‥‥‥‥‥‥‥‥‥‥‥‥ 176
在留の権利‥‥‥‥‥‥‥‥‥‥‥‥‥‥ 105
財産権‥‥‥‥‥‥‥‥‥‥‥‥‥‥‥‥‥ 69
参議院
　　──改革論‥‥‥‥‥‥‥‥‥‥‥ 157
ジェンダー‥‥‥‥‥‥‥‥‥‥‥‥‥‥ 112
シビリアン・コントロール‥‥‥‥‥‥ 164
司法権‥‥‥‥‥‥‥‥‥‥‥‥‥‥‥‥ 173
　　──の独立‥‥‥‥‥‥‥‥‥‥‥ 175
私人間における人権規定の効力‥‥‥‥ 115
事件性の要件‥‥‥‥‥‥‥‥‥‥‥‥ 174
事前抑制‥‥‥‥‥‥‥‥‥‥‥‥‥‥‥ 53
自　衛
　　──権‥‥‥‥‥‥‥‥‥‥‥‥‥ 127
　　──隊‥‥‥‥‥‥‥‥‥‥‥‥‥ 127
　　集団的──権‥‥‥‥‥‥‥‥‥‥ 129
自己決定権‥‥‥‥‥‥‥‥‥‥‥‥‥‥ 19
自己情報コントロール権‥‥‥‥‥‥‥‥ 17
自治事務‥‥‥‥‥‥‥‥‥‥‥‥‥‥ 191
自　由
　　──委任‥‥‥‥‥‥‥‥‥‥‥‥ 149
　　──権‥‥‥‥‥‥‥‥‥‥‥‥‥‥ 7
　　一般的──説‥‥‥‥‥‥‥‥‥‥ 15
　　営業の──‥‥‥‥‥‥‥‥‥‥‥ 66
　　居住移転の──‥‥‥‥‥‥‥‥‥ 68
　　経済的──‥‥‥‥‥‥‥‥‥‥‥ 64
　　思想・良心の──‥‥‥‥‥‥‥‥ 37
　　集会及び結社の──‥‥‥‥‥‥‥ 50
　　取材の──‥‥‥‥‥‥‥‥‥‥‥ 52
　　職業選択の──‥‥‥‥‥‥‥‥‥ 66
　　信教の──‥‥‥‥‥‥‥‥‥‥‥ 38
　　人身の──‥‥‥‥‥‥‥‥‥‥‥ 87
　　沈黙の──‥‥‥‥‥‥‥‥‥‥‥ 38
　　表現の──‥‥‥‥‥‥‥‥‥‥‥ 49
　　表現の──の優越的地位の理論‥‥ 50
　　報道の──‥‥‥‥‥‥‥‥‥‥‥ 52
社会学的代表‥‥‥‥‥‥‥‥‥‥‥‥ 150
社会権‥‥‥‥‥‥‥‥‥‥‥‥‥ 8, 75, 76
社会的身分‥‥‥‥‥‥‥‥‥‥‥‥‥‥ 33

主　権‥‥‥‥‥‥‥‥‥‥‥‥‥‥‥ 138
　　ナシオン──‥‥‥‥‥‥‥‥‥‥ 139
　　プープル──‥‥‥‥‥‥‥‥‥‥ 139
周辺事態法‥‥‥‥‥‥‥‥‥‥‥‥‥ 128
宗教的人格権‥‥‥‥‥‥‥‥‥‥‥‥ 183
衆議院
　　──の解散‥‥‥‥‥‥‥‥‥‥‥ 168
　　──の優越‥‥‥‥‥‥‥‥‥‥‥ 156
住基ネット‥‥‥‥‥‥‥‥‥‥‥‥‥‥ 18
住　民‥‥‥‥‥‥‥‥‥‥‥‥‥‥‥ 107
　　──自治‥‥‥‥‥‥‥‥‥‥‥‥ 189
小選挙区
　　──制‥‥‥‥‥‥‥‥‥‥‥‥‥ 141
　　──比例代表並立制‥‥‥‥‥‥‥ 142
消費者契約法‥‥‥‥‥‥‥‥‥‥‥ 63, 72
象徴天皇制‥‥‥‥‥‥‥‥‥‥‥‥‥ 142
情報公開‥‥‥‥‥‥‥‥‥‥‥‥‥‥‥ 52
条　例
　　──制定権‥‥‥‥‥‥‥‥‥‥‥ 191
　　上乗せ──‥‥‥‥‥‥‥‥‥‥‥ 193
　　公安──‥‥‥‥‥‥‥‥‥‥‥‥ 57
　　横出し──‥‥‥‥‥‥‥‥‥‥‥ 193
信　条‥‥‥‥‥‥‥‥‥‥‥‥‥‥‥‥ 31
人格権‥‥‥‥‥‥‥‥‥‥‥‥‥‥‥‥ 17
人格的利益説‥‥‥‥‥‥‥‥‥‥‥‥‥ 15
人　権
　　新しい──‥‥‥‥‥‥‥‥‥‥ 10, 16
　　基本的──‥‥‥‥‥‥‥‥‥‥‥‥ 4
　　世界──宣言‥‥‥‥‥‥‥‥‥‥ 103
　　フランス──宣言‥‥‥‥‥‥‥‥ 113
人　種‥‥‥‥‥‥‥‥‥‥‥‥‥‥‥‥ 31
制度的保障説（制度的保障論）‥‥ 69, 189
政教分離原則‥‥‥‥‥‥‥‥‥‥‥‥‥ 40
政　治
　　──資金規正法‥‥‥‥‥‥‥‥‥ 97
　　──的代表‥‥‥‥‥‥‥‥‥‥‥ 139
政　党‥‥‥‥‥‥‥‥‥‥‥‥‥‥‥ 151
　　──助成法‥‥‥‥‥‥‥‥‥‥‥ 151
政　令‥‥‥‥‥‥‥‥‥‥‥‥‥‥‥ 166
正当な補償‥‥‥‥‥‥‥‥‥‥‥‥‥‥ 70

生活保護法……………………75
生存権…………………………76
税関検査………………………48
積極的差別是正措置…………29
責任本質説……………………163
戦　争…………………………125
　　――放棄…………………125
選挙権…………………………98
全国民の代表…………………149
全体の奉仕者…………………44
総辞職…………………………167

た　行

団体自治………………………189
知る権利………………………51
地方公共団体…………………189
地方自治………………………187
　　――の本旨………………189
　　――法……………………188
直接適用説……………………115
通信傍受法……………………86
抵抗権…………………………177
適正手続………………………87
デュー・プロセス……………87
天皇の「公的行為」…………143
道州制…………………………190
特別の犠牲……………………71

な　行

内　閣…………………………161
　　――総理大臣……………165
内在的制約……………………100
内容規制………………………54
内容中立規制…………………54
二院制…………………………156
二重の基準論…………………51, 59, 67

は　行

パターナリスティックな規制……20
日の丸・君が代………………37

日米安全保障条約……………128
比例代表制……………………141
被選挙権………………………98
平　等………………………24, 27
　　形式的――………………28
　　実質的――………………28
　　相対的――………………27
ビラ配り………………………57
不可侵性………………………100
福祉国家………………………65
不利益供述強要の禁止………92
普遍性…………………………100
プライバシー権………………17
武力の行使……………………125
プログラム規定説……………76
文　民…………………………164
ベアテ・シロタ………………114
平　和
　　――主義……………9, 123
　　――的生存権……………125
法定受託事務…………………191
法律上の争訟…………………174
ポジティブ・アクション……122

ま　行

無効力説（無適用説）………115
明確性の原則…………………59
明白かつ現在の危険…………60
明白性の原則…………………67
免責特権………………………150
目的効果基準…………………41

や　行

靖国神社公式参拝……………172
有事関連3法…………………129
より制限的でない他の選びうる手段……60

ら　行

立　法…………………………152
　　――事実…………………35

令状主義……………………………88
労　働
　　——基本権………………………81
　公務員の——基本権………………82

——権……………………………80

わ　行

わいせつ……………………………58

【執筆者紹介】（執筆順，＊は編者）

＊市川　正人	立命館大学法科大学院教授	序章・第14章
植松　健一	立命館大学法学部准教授	第1章・第12章
倉田　　玲	立命館大学法学部教授	第2章・第8章
小松　　浩	立命館大学法学部教授	第3章・第11章
上出　　浩	立命館大学非常勤講師	第4章
多田　一路	立命館大学法学部教授	第5章・第13章
＊倉田　原志	立命館大学法科大学院教授	第6章・第7章
立石　直子	岐阜大学地域科学部准教授	第9章
奥野　恒久	龍谷大学政策学部教授	第10章
木藤伸一朗	京都学園大学法学部教授	第15章

Horitsu Bunka Sha

2012年4月15日　初版第1刷発行

憲　法　入　門
―憲法原理とその実現―

編　者　　市　川　正　人
　　　　　倉　田　原　志
発行者　　田　靡　純　子

発行所　株式会社　法律文化社
〒603-8053　京都市北区上賀茂岩ヶ垣内町71
電話 075 (791) 7131　FAX 075 (721) 8400
URL:http://www.hou-bun.com/

©2012 M.Ichikawa, M.Kurata Printed in Japan
印刷：中村印刷㈱／製本：㈱藤沢製本
装幀　奥野　章
ISBN 978-4-589-03397-0

髙作正博編
私たちがつくる社会
―おとなになるための法教育―
　　　　　　A5判・232頁・2520円

法という視点をとおして，だれもが〈市民〉となるために必要な知識と方法を学び，実践するための力を涵養する。おとなになる過程のなかで，自分たちが社会をつくるという考え方を育む。日本社会のいまがわかる入門書。

貝澤耕一・丸山 博・松名 隆・奥野恒久編著
アイヌ民族の復権
―先住民族と築く新たな社会―
　　　　　　A5判・246頁・2415円

アイヌ民族の復権へ向けた問題提起の書。二風谷ダム裁判をあらためて問い直すことを契機にアイヌ復権への根源的な課題を学際的かつ実践的アプローチにより考察。先住民族と築く多様で豊かな社会を提言する。

辻村みよ子著
憲法から世界を診る
―人権・平和・ジェンダー〈講演録〉―
　　　　　　四六判・190頁・1995円

憲法理論をベースに人権・平和・ジェンダーの関係を整理し，市民主権による平和構築の必要性を訴えるとともに，ジェンダー平等社会へ向けた課題と展望について熱く語った著者初の講演録。憲法原理が体現される社会へ向けた渾身のメッセージ。

井端正幸・渡名喜庸安・仲山忠克編
憲法と沖縄を問う
　　　　　　A5判・198頁・2100円

積年の課題である米軍基地問題だけでなく，自然，教育，労働，生存権，自治などの沖縄の抱える諸問題を，「憲法から沖縄を」「沖縄から憲法を」問うという2つの視角を交差させ，多角的・実証的に分析する。

三成美保・笹沼朋子・立石直子・谷田川知恵著〔HBB⁺〕
ジェンダー法学入門
　　　　　　四六判・310頁・2625円

ジェンダー規範は，個人の意思や能力を超えたところで，個人の行動や決定を縛っている。ジェンダー・バイアスに基づく差別のあり方や法制度への影響を明らかにし，ジェンダー視点でモノをみるとはどういうことかを考える。

―――――法律文化社―――――

表示価格は定価(税込価格)です